MÉMOIRE

Sur la question proposée par la Société de médecine de Paris :

Peut-on mettre en doute l'existence des Fièvres essentielles ?

PAR M. GÉRARD,

MÉDECIN A ÉTAIN (MEUSE.)

> *Certior ne igitur ars erit, si quod toties cadaverum lustrationes nos moneant supprimemus; ne semel dudum receptas opiniones ac scholarum systemata, quæ ad multa explicanda multum, ad plura parum aut nihil faciant, labefactentur?*
>
> (DEHAEN, *Met. med.*, *t.* 5, *p.* 67.)

A PARIS,

DE L'IMPRIMERIE DE A. BELIN,
Rue des Mathurins St.-Jacques, hôtel Cluny.

1823.

MÉMOIRE

Sur la question proposée par la Société de Médecine de Paris : Peut-on mettre en doute l'existence des fièvres essentielles?

AVANT-PROPOS.

La Société de médecine ayant simplement demandé si on pouvait douter de l'existence des fièvres essentielles, il était naturel de penser que l'on aurait rempli les conditions du programme, en prouvant que l'on pouvait douter, ou ne pas douter. Dans le premier mémoire, que j'eus l'honneur d'adresser à la Société, je croyais avoir prouvé d'une manière irréfragable que l'on pouvait douter. Il paraît que la Société en a jugé autrement, puisqu'elle a remis la même question au concours. Il semble même qu'elle attendait des concurrens plus que ne le comporte la question; puisque M. le rapporteur de la commission déclare que, des neuf mémoires envoyés au concours, aucun n'est empreint de cette énergie de pensée, de cet accent de vérité, qui, portant à la fois la lumière et la conviction, dissipent tous les doutes (*tome 72, page 93.*) S'il fallait dissiper tous les doutes, il est clair qu'il ne suffisait pas de prouver que l'on pouvait douter; mais il me semble qu'il eût mieux valu le déclarer d'abord. Si on eût exprimé cette condition, il est probable que personne ne serait entré en lice, si on excepte toutefois ceux qui ne doutent de rien.

Quel est le médecin qui, dans l'état actuel de la science, pourrait se flatter de dissiper tous les doutes sur un pareil sujet, qui n'embrasse rien moins que le mécanisme entier du corps humain? N'est-ce donc pas déjà quelque chose de détruire une erreur, une erreur surtout qui en avait engendré mille autres?

La Société ayant laissé aux concurrens la plus grande latitude, je profiterai de cette permission pour faire quelques observations sur la manière dont est posée la question; mais je le ferai avec tout le respect que je dois à cette Société illustre.

En demandant si on peut mettre en doute l'existence des fièvres essentielles, on croit voir percer que l'on penche vers la négative;

c'est comme quand on demande si on peut douter de l'existence de Dieu. Aussi, à en juger par l'analyse succincte des neuf mémoires envoyés au premier concours, la question ainsi posée a eu une telle influence sur les concurrens, qu'on les voit, pour la plupart, torturant leurs pensées, conclure contre toute attente qu'on ne peut douter. Si on ne savait, par expérience, combien les hommes se passionnent facilement pour des opinions souvent indifférentes, on serait étonné de voir une telle prévention pour ce système des fièvres essentielles. Ce système n'est pourtant pas un héritage que les médecins nos ancêtres nous ont légué, pour le laisser intact à nos neveux; c'est une opinion pure qui a traversé les siècles avec une infinité d'autres : les unes ont disparu, et celle-ci est parvenue jusqu'à nous pour disparaître à son tour. *Opinionum commenta delet dies.*

Dans toutes les maladies aiguës, ou pour parler plus correctement, dans toutes les maladies avec augmentation ou accélération du mouvement du cœur et de ses annexes, les médecins ont observé certains états ou types qu'ils ont déterminés d'une manière plus ou moins précise sous des dénominations plus ou moins générales. Ceux qui ont constamment prévalu, sont ceux de fièvre inflammatoire, putride et leur composé; les noms ont varié. Mais ne faisons attention qu'aux choses : il y a sur ce point une si longue suite d'observations, une si grande unanimité de sentimens, une telle réunion de grandes autorités, qu'on ne peut se refuser à admettre ces états comme le résultat de l'expérience. Aussi est-ce, à mon avis, tout ce qu'il y a de certain dans cette matière, il ne l'est pas également que ces états comprennent toutes les essences des maladies fébriles; mais on a fait le moins mal que l'on a pu. Il en est de même des tempéramens que l'on a divisés par abstraction le plus distinctement possible, quoique, de l'avis de tous les médecins, d'une manière assez incomplète. Si on veut appeler ces états fièvres essentielles, on le peut; pourvu qu'on ne vienne pas ensuite confondre l'idée qu'on s'en forme avec celle qu'on a, lorsqu'on dit simplement qu'un homme a la fièvre. Car, dans ce dernier cas, on n'entend autre chose, sinon qu'il y a, chez cet individu, accélération des mouvemens du cœur, des artères, de leurs annexes, et une série de phénomènes qui dépendent de ce trouble de la grande circulation.

A ces états généraux susdits se rattachent un grand nombre de symptômes qui indiquent la lésion d'un ou de plusieurs systèmes d'organes; ces symptômes, d'après leur plus ou moins d'importance ou l'opinion de chaque médecin, ont servi à faire d'autres divisions, à créer un plus grand nombre d'états secondaires auxquels on a donné également le nom de fièvre. On a découvert des fièvres nouvelles. Chacun a presque fait la sienne comme pour étendre et enrichir le domaine de la médecine. Alors on a commencé à ne plus s'entendre; on a vu s'élever de grandes disputes, et des volumes sans nombre ont paru au jour, sans qu'on en soit devenu plus savant. Comme l'ordre naît souvent de la confusion, par le besoin pressant que chacun sent d'en sortir, on a fait de grands efforts pour réduire ces états accessoires à des types généraux.

On verra, dans la première partie de cette dissertation, jusqu'à quel point on y est parvenu. Ce qu'on peut assurer, c'est que les praticiens ont paru peu satisfaits de ces distinctions, et qu'ils ont toujours éprouvé un grand embarras à réduire aux types des écoles les symptômes variés qu'ils observaient au lit des malades.

On parlait toujours des fièvres essentielles sans savoir ce que c'était; on tournait sans cesse dans un cercle vicieux. Cependant toutes les sciences naturelles faisaient des progrès, et on devait ces progrès à la méthode analytique et au perfectionnement du langage. La médecine était restée un peu en retard; mais elle a bientôt suivi l'impulsion générale. Il faudrait un traité ex-professo pour indiquer la marche de cette révolution, pour tracer avec ordre les découvertes anatomiques et les expériences physiologiques qui l'ont préparée. L'étude des symptômes, leur plus ou moins de valeur pour prédire dans les maladies une terminaison heureuse ou funeste, l'observation des choses bonnes ou nuisibles dans tel état du corps plus moins bien déterminé, sont, sans doute, des connaissances précieuses dont nous sommes redevables à l'antiquité, et dont les modernes ont encore augmenté la somme; mais, malgré tout le respect que nous devons à ces premiers maîtres, on ne peut dissimuler qu'en se bornant à ce genre d'étude, la médecine ne sortira jamais de l'empirisme et ne pourra s'élever au rang d'une science. Pour que la médecine devienne véritablement une science, il faut qu'elle fasse connaître le mécanisme des parties dans l'état sain; les changemens qui surviennent dans l'état de maladie, comment et par quels degrés s'opèrent ces changemens d'un état sain à un état maladif et de celui-ci au premier; jusqu'à quel point il nous est possible de nous opposer à ces changemens, au moyen des agens, tant diététiques que thérapeutiques, qui sont à notre disposition; et quand ils sont opérés, par quels moyns encore nous pouvons ramener les parties à leur état normal. Je ne suis pas de ceux qui rêvent la perfection; je sais combien elle est peu compatible avec notre faible intelligence. J'ignore jusqu'à quel point la médecine pourra s'élever vers ce but désiré. Mais je vois clairement que c'est là que nous devons tendre; et tout en faisant usage des connaissances acquises avec la prudence convenable, nous ne devons rien négliger de ce qui peut contribuer aux progrès ultérieurs de l'art.

Quant à ceux qui sont satisfaits de l'état

actuel des choses, on peut dire qu'ils se contentent de peu, et que cette façon de penser les rend plus recommandables par leur modération que par l'étendue de leur esprit.

Monsieur le rapporteur de la commission cite la fin du siècle qui vient de s'écouler comme une époque remarquable dans les fastes de la médecine; il me semble qu'il aurait dû fixer cette époque, quelques années plus tard, vers le commencement de celui où nous sommes.

« Lorsqu'à la fin du dernier siècle, dit cet auteur, l'observation clinique, ramenée à sa pureté première et éclairée des résultats jusqu'alors incomplètement appréciés de l'anatomie pathologique, eut reconquis tous ses droits et fut redevenue la seule base sur laquelle il fût permis à l'avenir d'élever des dogmes, l'histoire des fièvres se plaça au premier degré de ce nouvel édifice : elle put même alors paraître irrévocablement fixée, (tome 72, page 78). Il est évident que M. le rapporteur a en vue, dans ce passage, la *Nosographie philosophique*. On pourrait ajouter que si M. Pinel a été éclairé par les résultats de l'anatomie pathologique, il a peu profité de cette lumière. Quelques uns de ces ordres de fièvre sont fondés sur l'anatomie, mais non sur l'anatomie pathologique. Au contraire, cet auteur ne veut pas que l'on éclaire la série simultanée ou successive des symptômes qui distinguent la fièvre par les résultats des recherches anatomiques ou physiologiques; c'est là, ajoute-t-il, que commencent les conjectures et quelquefois une obscurité impénétrable.

La nouvelle doctrine, au contraire, s'appuie principalement sur l'anatomie pathologique, ou, pour m'exprimer avec plus de justesse, elle est née de l'anatomie pathologique.

Il ne sera donc pas sans intérêt de faire voir comment les deux doctrines dont il s'agit se sont formées et soutenues. C'est dans ce dessein que j'ai donné à cette dissertation une forme nouvelle et plus méthodique. Je l'ai divisée en trois parties : dans la première, je recherche si les auteurs les plus célèbres, qui ont écrit depuis la quatre-vingt-sixième olympiade jusqu'à la fin du siècle dernier, ont prouvé qu'il existait des fièvres essentielles. Dans la seconde, j'examine si ceux qui soutiennent la nouvelle doctrine, ont prouvé qu'il n'en existait pas. Dans la troisième, je peserai les raisons pour et contre, et j'en donnerai le résultat.

Première partie.

Les auteurs qui ont écrit depuis la LXXXVIe olympiade jusqu'à la fin du XVIIIe siècle ont-ils prouvé qu'il existât des fièvres essentielles?

En commençant par HIPPOCRATE, je trouve des fièvres de toutes les formes et de toutes les couleurs.

Febres quidem aliœ mordaces sunt manui; aliœ mites; aliœ non mordaces quidem, sed post insurgentes; aliœ vero acutœ, sed à manu victœ; aliœ statim valde ardentes; aliœ in totum debiles aridœ; aliœ salsuginosœ; aliœ pemphingodes, aspectu terribiles; aliœ tactui humectœ; aliœ valde rubrœ; aliœ valde pallidœ; aliœ lividœ; et id genus alia. (*Vid. de morb. vul.*)

Ce *id genus alia* qu'il ajoute à la fin, prouve, ainsi que l'observe GALIEN, qu'il n'a voulu faire mention que des différences notables; différences, dit GALIEN, qui sont tirées de l'essence même de la fièvre; ce qui fait voir, soit dit en passant, que l'on abuse de ce mot depuis long-temps.

Outre les fièvres citées, il traite encore de la fièvre éphémère, synoque, hémitritée, asode, lipyrie, quotidienne, tierce, quarte, quintane, etc.

Je ne pense pas, comme GALIEN, qu'HIPPOCRATE, en indiquant ces différences, ait prétendu déterminer l'essence de la fièvre. Il me paraît même évident qu'il ne les considérait que comme des symptômes; car, faisant la description de la fièvre ardente dans le premier livre des épidémies, il compte, au nombre des symptômes, la fièvre aiguë, entendant certainement par ce mot le battement redoublé des artères et un plus grand développement de chaleur. Le même GALIEN en fait la remarque expresse dans son commentaire sur le quatrième livre des aphorismes, page 650. (*Edit. lugd.*)

Cùm HIPPOCRATES *in febribus dicit*, morbos febriles, *intelligit quando febres ipsœ sunt affectio, et non casus et symptoma partis alicujus quœ aliquo dictorum affectuum laboret.*

Voilà, pour la première fois, la différence tranchée et non résolue. Mais je prouverai plus loin que GALIEN n'est pas toujours d'accord avec lui-même, puisqu'il dit expressé-

troisième, je peserai les raisons pour et contre, et j'en donnerai le résultat.

Première partie.

Les auteurs qui ont écrit depuis la LXXXVIe olympiade jusqu'à la fin du XVIIIe siècle ont-ils prouvé qu'il existât des fièvres essentielles?

En commençant par HIPPOCRATE, je trouve des fièvres de toutes les formes et de toutes les couleurs.

Febres quidem aliæ mordaces sunt manui; aliæ mites; aliæ non mordaces quidem, sed post insurgentes; aliæ vero acutæ, sed à manu victæ; aliæ statim valde ardentes; aliæ in totum debiles aridæ; aliæ salsuginosæ; aliæ pemphingodes, aspectu terribiles; aliæ tactui humectæ; aliæ valde rubræ; aliæ valde pallidæ; aliæ lividæ; et id genus alia. (*Vid. de morb. vul.*)

Ce *id genus alia* qu'il ajoute à la fin, prouve, ainsi que l'observe GALIEN, qu'il n'a voulu faire mention que des différences notables; différences, dit GALIEN, qui sont tirées de l'essence même de la fièvre; ce qui fait voir, soit dit en passant, que l'on abuse de ce mot depuis long-temps.

Outre les fièvres citées, il traite encore de la fièvre éphémère, synoque, hémitritée, asode, lipyrie, quotidienne, tierce, quarte, quintane, etc.

Je ne pense pas, comme GALIEN, qu'HIPPOCRATE, en indiquant ces différences, ait prétendu déterminer l'essence de la fièvre. Il me paraît même évident qu'il ne les considérait que comme des symptômes; car, faisant la description de la fièvre ardente dans le premier livre des épidémies, il compte, au nombre des symptômes, la fièvre aiguë, entendant certainement par ce mot le battement redoublé des artères et un plus grand développement de chaleur. Le même GALIEN en fait la remarque expresse dans son commentaire sur le quatrième livre des aphorismes, page 650. (*Edit. lugd.*)

Cùm HIPPOCRATES *in febribus dicit*, morbos febriles, *intelligit quando febres ipsæ sunt affectio, et non casus et symptoma partis alicujus quæ aliquo dictorum affectuum laboret.*

Voilà, pour la première fois, la différence tranchée et non résolue. Mais je prouverai plus loin que GALIEN n'est pas toujours d'accord avec lui-même, puisqu'il dit expressément que les fièvres hectiques et les intermittentes sont produites par la lésion de certaines parties. Quant au médecin de Cos, il est évident que les fièvres étaient déjà pour lui une réunion de certains symptômes qui constituaient un certain état auquel il donnait un certain nom, et voilà tout. Il s'occupait peu des essences et des causes; tandis que la question, qui fait l'objet de ce mémoire, porte directement sur la cause; ce à quoi il faut bien faire attention; autrement tous nos écrits se réduiraient à une dispute de mots.

Galien a composé deux livres sur les différences des fièvres. Je trouve qu'il a traité ce sujet avec l'érudition d'un savant et le tact d'un praticien consommé. On voit, dans les livres cités et dans d'autres endroits de ses nombreux ouvrages, que la question qui nous occupe, a déjà été agitée dans l'antiquité; tant il est difficile de trouver quelque chose de nouveau sous le soleil. Mais cet article se trouvera mieux placé au commencement de la seconde partie.

Les différences des fièvres, dit le médecin de Pergame, doivent être tirées de la nature même de la fièvre et non des divers accidens qui ont lieu dans la fièvre. Ce raisonnement me paraît exact. Or, l'essence de la fièvre étant une chaleur non naturelle (première hypothèse), c'est de la différence de la chaleur que doivent être déduites les différences des fièvres.

Il s'applique donc à prouver que toutes les fièvres, soit qu'elles proviennent d'irritation, de putridité des humeurs, de constriction, d'obstruction, du défaut de ventilation, produisent la fièvre, en développant une chaleur non naturelle dont les différences servent à la caractériser; mais combien de suppositions, d'hypothèses, de faux raisonnemens n'est-il pas obligé d'entasser pour soutenir cette opinion!

Cette chaleur non naturelle peut se développer ou dans les esprits, ou dans les solides, ou dans les humeurs. Dans les esprits, elle produit la fièvre éphémère dont la révolution est de vingt-quatre heures; elle est occasionée par toutes les irritations externes et internes. *Ex laboribus, irâ, tristitiâ, et solis ardoribus, ebrietatibus, et crapulis.* Elle peut se prolonger pendant deux ou trois révolutions de vingt-quatre heures sans perdre son caractère; et elle ne le perdra pas, si la disposition du corps est bonne, et si elle n'est pas exaspérée par des remèdes contraires.

Dans les parties solides, elle produit la fièvre hectique qui peut être essentielle, c'est-à-dire avoir sa source dans le cœur qu'elle dessèche (autre hypothèse), ou symptomatique de quelque inflammation ou suppuration interne.

Dans les humeurs, elle donne naissance à la fièvre quotidienne qui est causée par la pituite, à la tierce par la bile, à la quarte par l'atrabile.

A la vérité, ces humeurs seules ne peuvent engendrer la fièvre, s'il ne s'y joint quelque autre circonstance, telle que la saison, l'âge, le tempérament, des écarts dans le régime.

De la même source (des humeurs), proviennent encore la synoque (fièvre inflammatoire), la synoque putride (fièvre putride), la synoque putride avec des symptômes très-graves, tels que convulsions, lipothymies, etc. (fièvre maligne.)

Telle est la division des fièvres de GALIEN, dans laquelle je crois n'avoir rien omis d'important; je la produis ici à dessein, parce qu'elle a subsisté jusqu'à nos jours.

En effet, si on omet de parler de la chaleur non naturelle, comme cause de la fièvre, de la pituite, de la bile, de l'atrabile, de la putridité des humeurs, on ne peut citer aucun changement notable. Les discussions ne se sont élevées que sur les causes, ce que je remarque pour la seconde fois, parce que c'est sur ce point que porte le nœud de la question.

Quand on examine avec quelque attention les fondemens de cette théorie, on ne trouve rien qui puisse satisfaire un esprit exact.

J'ai dit que cet auteur admettait deux fièvres hectiques, l'une essentielle qui était produite par le dessèchement du cœur, et l'autre par quelque inflammation ou suppuration interne. Mais si on recherche ce qui distingue l'une de l'autre, on ne trouve rien qui les caractérise. On voit clairement que telle était son opinion; mais, pour des preuves, il n'en donne aucune.

Il en est de même pour les fièvres qui dépendent du vice des humeurs; il considère les intermittentes comme des maladies locales, et pour toutes les continues, il pense comme PROXAGORAS, qu'elles ont leur source dans la putridité des humeurs de la veine cave. (*Vid. lib. cit.*, *pag.* 493.) Mais quelle preuve en donne-t-il? aucune.

Galien ne tenait fortement qu'à un principe : savoir que, de quelque manière que les fièvres fussent produites, c'était toujours l'augmentation d'une chaleur non naturelle qui y donnait lieu ; sur tout le reste, il s'écarte souvent de ses théorêmes.

Il regarde, par exemple, les fièvres intermittentes comme des maladies locales ; il s'explique même sur ce sujet d'une manière si claire, qu'il ne peut rester le moindre doute à quiconque prendra la peine de lire son traité sur la différence des fièvres depuis la page 486 jusqu'à la fin du second livre. J'avoue que je me plais dans ces recherches, non point sous le rapport de l'érudition, mais pour admirer comment l'esprit humain tourne toujours à peu près dans le même cercle, abandonnant une opinion pour en adopter une autre, et revenant à la première après une longue suite de siècles ; quelquefois par les mêmes raisons, souvent par des raisons différentes.

Galien pense que les fièvres intermittentes proviennent de fluxion. Il commence, comme M. Broussais, par observer ces phlegmasies extérieures, dont l'exacerbation a lieu tous les jours, quelquefois tous les deux jours; ces maux d'oreilles, de tête, soit de la totalité ou seulement d'une partie que les Grecs appellent εμικρανιαν; ainsi que les douleurs des pieds et des articulations qui reviennent par accès. Comme il est visible que, dans les exacerbations, les veines se gonflent, que l'inflammation augmente, que les douleurs redoublent d'intensité, qu'il y a afflux d'une humeur surabondante, n'est-on pas fondé à conclure, par analogie, que les mêmes phénomènes ont lieu dans les inflammations des plèvres et des poumons; que le gonflement augmente dans le commencement des exacerbations; tandis qu'il diminue et cesse vers la fin? Peut-être, ajoute-t-il, découvrirons-nous comment les choses se passent, si on se rappelle ce que nous avons démontré dans nos commentaires sur la formation de l'inflammation et des affections appelées rhumatismales. Il explique ensuite comment, par l'action des forces vitales, les parties fortes repoussent les humeurs, tandis que les faibles les reçoivent; d'où il suit que, dans les maladies appelées pléthoriques de l'abondance des humeurs, les parties faibles sont attaquées tantôt d'inflammation, tantôt d'érysipèle, de dartres ou d'autres maladies; que d'autres sont atteintes de cette affection que nous appelons rhumatisme; mot qui dérive de fluxion, espèce de maladie dont il a traité séparément.

Il n'est donc pas étonnant que le cerveau ou toute la tête repousse les humeurs dont elle est surchargée vers quelque partie plus faible, comme les oreilles, les tempes, les dents, les joues, le palais, les gencives, etc. Si ces parties ne sont point dans l'état de débilité supposée, la fluxion se porte sur le thorax, le poumon, le pharynx et l'estomac. Comme la tête est, pour cette moitié supérieure du corps, la source d'où découlent toutes les affections dont il vient d'être parlé; de même l'inflammation du foie et de la rate est souvent occasionée par la lésion de quelque partie voisine.

On voit quelquefois l'affection d'un organe éloigné en déterminer également plusieurs autres, les augmenter, les transporter, les exaspérer par accès. Celui, par exemple, qui ne sait pas que ces parties se déchargent sur le foie de leurs matériaux superflus, est fort surpris d'observer une périodicité dans les fièvres qui s'allument par l'affection de ce viscère; celui, au contraire, qui n'ignore pas que l'origine de cette inflammation est due à une fluxion qui s'est portée sur le foie, verra, sans étonnement, tous ces phénomènes. (*Vid. de differ. feb., p. cit.*)

Cette traduction qui est littérale prouve, ce me semble, jusqu'à l'évidence, que, dans les fièvres intermittentes, GALIEN considérait les symptômes fébriles comme le résultat d'une fluxion fixée sur un viscère, ou qui s'y était portée d'une partie voisine ou éloignée; ou, en d'autres termes, que la fièvre intermittente était un symptôme de quelque autre affection; ce qui est absolument contraire au principe qu'il a posé plus haut. Mais il ne faut pas s'étonner que le résultat de l'expérience ne se trouve pas toujours d'accord avec la théorie; il serait, au contraire, plus surprenant qu'ils coïncidassent, lorsqu'on sait comment se forme la théorie; je veux dire, en écartant les différences, pour ne faire attention qu'aux ressemblances.

Ce que j'ai le plus à cœur dans cette dissertation, est de suivre, à travers les opinions et les systèmes divers, ce fil de l'expérience et de l'analogie, pour le rattacher ensuite avec les observations et les découvertes nouvelles; ne croyant pas qu'il y ait de meilleurs moyens en médecine, pour obtenir un résultat, que de fortifier par l'expérience les raisonnemens déduits de l'analogie, et *vice versâ*.

Pour les fièvres continues, GALIEN croyait, avec PROXAGORAS, qu'elles étaient occasionées par la putridité des humeurs de la veine cave. Je ne sais trop comment il se représentait la chose; mais il fallait qu'il fût persuadé que de cette putridité à l'inflammation des viscères il n'y avait qu'un pas; car, dans les reproches qu'il adresse sans cesse aux diététiciens, il les accuse de déterminer les inflammations dans ces sortes de fièvre, en négligeant la saignée, en appliquant des cataplasmes et des fomentations sur le bas-ventre.

Quoties enim vidisti præcordia, cùm plane phlegmone carerent (cette assertion est bien hasardée), *intrà quatuor dies quàm ea gregales isti medici perfundere cœpissent, phlegmonem contraxisse?* (Vid. *Meth. med.*, *pag.* 1269.) Et plus bas : *At divites, qui et sanguinis copiam et excrementorum plus quàm pauperes et servi habent, cum sanguinis mittendi prætermisere remedium, ac quotidie tum ca-*

lido oleo perfunduntur, tum laxantibus et cataplasmatis utuntur, phlegmonem nimirum aliquam vel in jecinore, vel in ventriculo, vel reliquorum isthic viscerum aliquo contrahunt : alii in quarto, alii in quinto, omnes plane in sexto. Et dans un autre endroit : *Itaque accidit ut illo ipso tempore phlegmonœ divitibus incipiant, quo jam pauperibus morbus productus est ad finem.*

Ces citations prouvent que ces passages d'une fièvre continue essentielle à une inflammation étaient très-fréquens, et, selon GALIEN, fort glissans; ce qui n'est pas aisé à expliquer dans la doctrine des fièvres essentielles. Aussi GALIEN ne s'explique-t-il pas autrement. Mais ses observations pratiques sont précieuses; car on ne peut refuser au médecin de Pergame un tact parfait; et beaucoup de ceux qui ont parlé de cet auteur avec mépris sont restés, sous ce rapport, bien au-dessous de lui.

Quoi qu'il en soit, il n'a pas prouvé autrement que par des assertions et des autorités, qu'il existait des fièvres essentielles; il a encore moins prouvé que l'essence de la fièvre consistait dans une chaleur non naturelle;

mais l'observation attentive des faits l'avait conduit à juger que les fièvres intermittentes étaient occasionées par quelque fluxion fixée sur un viscère, et que les fièvres continues se changeaient souvent en véritable inflammation. Voilà tout ce qu'il m'importait de faire connaître.

Faut-il pour éclaircir le sujet, faire des recherches dans les compilateurs qui ont vécu après GALIEN, compulser les auteurs du moyen âge? Je l'ai fait, en grande partie, et je puis dire avec le poëte :

No ragiona di lauro, ma guarda e passa.

Dans le cours du XVIIIe. siècle, les botanistes ont, d'après divers systèmes ou méthodes, divisé les plantes qui couvrent la surface du globe, par classes, ordres, genres et espèces; ils ont tiré leurs divisions de la forme et du nombre constant de certaines parties du végétal. Leur but, dans cet arrangement, était de faire reconnaître, au moyen de cet artifice, le nom imposé à une plante une fois connue et observée.

Quelques médecins ont pensé qu'il serait fort utile de transporter cette méthode dans la médecine; ils ont de même divisé les maladies par classes, ordres, genres, espèces; ils ont mis pour caractère de ces divisions, tantôt un symptôme, tantôt plusieurs réunis; mais ce symptôme unique étant souvent produit par des causes différentes, et cet ensemble de symptômes n'étant pas tellement lié que, dans un temps donné, il ne puisse changer et offrir une autre combinaison, de manière que les symptômes du commencement d'une maladie n'indiquent pas nécessairement ceux de la fin et que ceux de la fin ne ressemblent pas à ceux du commencement, il est résulté de cette fausse analogie ce qui devait nécessairement en résulter, je veux dire des méprises continuelles. De l'aveu même des auteurs, la même maladie peut, dans son cours, se trouver rangée dans deux ou trois ordres différens; ce seul trait, joint à l'empirisme du traitement, fait voir quelles ressources admirables ces méthodes offrent à la pratique. Je n'en parlerais pas même ici, si je n'avais dessein de montrer dans quelles contradictions sont tombés les nosologistes, à l'occasion des fièvres essentielles; dans quelles difficultés ils se sont impliqués en voulant, à toute force, faire des êtres réels de certains phénomènes plus ou moins fugitifs, qui sont produits par le dérangement d'un mécanisme que l'esprit seul peut saisir.

Mais le mot fièvre essentielle était donné, quoique personne, depuis l'origine de la médecine, n'eût prouvé, autrement que par des assertions et des hypothèses, qu'il en existât de telles.

Tout se réduisait à dire que l'accélération des mouvemens du cœur, des artères et les autres phénomènes qui s'en suivent, étaient souvent produits par des affections locales, tandis que cette accélération avait souvent lieu, sans qu'on pût observer d'affection locale, d'où on concluait, sans y avoir regardé, qu'il n'en existait pas; ce qui, de l'aveu de tout le monde, est une mauvaise manière de raisonner. Pour conclure qu'il n'y avait pas d'affection locale, il est évident qu'il fallait le démontrer; personne ne l'avait fait, la question était donc douteuse.

Comme je l'ai dit, le mot était donné, et pour beaucoup de personnes le mot est autant que la chose. Il ne s'agissait plus alors que de définir la fièvre; mais c'était là le difficile : *hoc opus, hìc labor*. Cette fièvre se présentait sous tant de formes différentes, que ce qui convenait à l'une ne convenait plus à l'autre; bien plus, dans l'espace d'une heure, souvent tout était changé : le pouls était petit et vite, il est grand et fort ; le malade était pâle et froid, il devient rouge et chaud. Après quelques jours, changement aussi remarquable ; à la plus grande exaltation succède la plus grande faiblesse ; le pouls est plus lent et plus faible que dans l'état naturel, la chaleur est moindre ; de sorte que c'est une fièvre sans fièvre.

On ne pouvait sortir de ce labyrinthe qu'avec le fil de l'analyse ; mais la plupart des auteurs, sans excepter M. Pinel, ont abandonné ce fil dès leurs premiers pas ; il fallait aller du simple au composé, et ils ont commencé par le composé.

Je ne répéterai pas dans ce mémoire les définitions que l'on a données de la fièvre ; on l'a fait jusqu'à satiété, depuis que cette question est agitée. Ceux qui sont curieux de les connaître toutes pourront consulter Burserius, qui les a rangées dans un ordre chronologique. (Vid. *Institut.*, *tom.* I, *sect.* 75.)

Mais rien ne me paraît plus propre à mettre au grand jour les vices fondamentaux de l'ancienne doctrine, que de produire les travaux des nosologistes les plus célèbres, leurs efforts inutiles pour classer les fièvres dans un ordre vraiment systématique ; leur opposition, les difficultés insurmontables d'un tel travail prouvent mieux que tout ce qu'on peut dire qu'il y a dans ce sujet quelque chose d'extraordinaire.

BOISSIER DE SAUVAGES donne pour caractère de la fièvre l'excès des forces vitales sur les forces libres. C'est, en effet, un symptôme assez ordinaire dans la fièvre, ainsi que la chaleur non naturelle de GALIEN; mais ce n'est assurément pas l'essence de la fièvre ; car cela n'explique rien. La continuité, la rémission et l'intermittence servent de fondement aux ordres adoptés par cet auteur; à l'exception de la théorie, il suit en tout GALIEN.

LIEUTAUD fait de même, mais il évite adroitement de donner une définition de la fièvre, et ce qu'il ajoute est bien digne de remarque : « Je ne suis pas même éloigné de penser avec plusieurs savans médecins qu'on parviendra difficilement à débrouiller ce cahos, si l'on n'abandonne tout ce qui a été dit jusqu'à présent, pour travailler, d'après l'observation, à nouveaux frais. » En effet, un esprit judicieux ne pouvait être satisfait de la doctrine reçue.

Cullen range les fièvres avec les inflammations dans la première classe; il ne reconnaît d'autre symptôme que la douleur qui distingue les fièvres essentielles des inflammations internes. Oui, la douleur est le seul symptôme qui distingue les fièvres essentielles des inflammations internes, je crois l'avoir déjà dit; mais il faut le répéter sans cesse jusqu'à ce qu'on ait prouvé que l'inflammation de la membrane muqueuse intestinale peut avoir lieu sans douleur. Cette circonstance est le gond sur lequel roule la difficulté.

Je suis surpris que, d'après sa manière de voir, Cullen n'ait pas, à l'imitation de Galien, rangé les fièvres intermittentes dans la classe des fluxions; il ne décrit d'autre fluxion que celle de la gorge et des intestins; il ne parle pas du catarrhe de l'estomac; mais en traitant de l'inflammation de ce viscère, il ajoute :

« CCCXCII. Il paraît, par l'ouverture des cadavres, que l'estomac a été souvent affecté d'inflammation; et cependant, dans le cours de la maladie, il n'avait paru aucun symptôme caractéristique de cette maladie; oui, nous ne pouvons donc donner de règles générales pour ces espèces d'inflammations.

Et plus loin : « CCCXCVIII. Les érythèmes de l'estomac sont plus fréquens que le phlegmon ; il paraît au moins, par les dissections, que l'estomac a été souvent enflammé, sans qu'il se soit manifesté auparavant aucun des symptômes de douleur ou de pyréxie ; mais l'inflammation était surtout de nature à faire juger que l'érythème avait eu lieu. » Il ajoute : « CCCXCIX. Il est aisé de voir que cette affection érythématique peut souvent avoir lieu ; mais il est difficile de la découvrir, et de s'assurer qu'elle existe, parce que, quelquefois, elle est sans fièvre, sans douleur et sans vomissemens. » Mais quand elle a lieu sans douleur, avec fièvre et vomissement, ou sans vomissement, qu'est-ce donc?

Deux hommes de génie, Brown et Darwin, qui ont écrit presque dans le même temps, se sont rencontrés dans les points fondamentaux de leur doctrine.

Le premier, à l'exemple des anciens, établit deux grandes divisions de toutes les maladies du corps humain (*Doctrine médialec simplifiée par le docteur* Veichard), sthéniques et asthéniques ; celles-ci se sousdivisent à raison de la cause qui est opposée.

Les maladies locales forment une troisième

classe, qui rentre dans la première grande division, mais qui en diffère par une circonstance bien importante, savoir de n'être pas accompagnée d'une diathèse générale, laquelle est la fièvre elle-même.

La fièvre inflammatoire, par exemple, est une pyréxie, et ce n'est cependant pas une inflammation, elle en diffère par le degré; c'est une circonstance peu importante qui ne change pas la nature de la chose; car toute inflammation est précédée d'une diathèse de même nature, qui domine dans tout le système. Ou, en d'autres termes, la synoque simple consiste dans une diathèse sthénique, ou dans une pyréxie trop légère pour exciter une inflammation dans quelque partie.

La chose est bien claire, il ne s'agit plus que de se représenter en quoi consiste une diathèse sthénique ou une pyréxie.

Un sujet en proie à une inflammation locale n'éprouvera point de pyréxie, s'il n'est déjà sous l'influence d'une diathèse sthénique. Si le principe est vrài, cette diathèse est bien générale.

Il y a aussi une diathèse asthénique et une inflammation asthénique, qui est à la diathèse de ce nom, comme l'inflammation sthénique à sa diathèse.

La fièvre putride ou le typhus est le premier degré de l'inflammation asthénique.

L'inflammation asthénique dépend de la trop grande abondance de sang dans le foyer où elle est allumée, quoique ce fluide soit en très-petite quantité dans le reste du corps.

Les fièvres intermittentes appartiennent à la diathèse asthénique dans un degré inférieur. Quant aux preuves, l'auteur les a emportées dans le tombeau.

Erasme DARWIN pose en fait que la cause prochaine de toutes les maladies consiste dans l'excès, la diminution, ou l'action intervertie des facultés du sensorium (l'auteur entend par *sensorium*, non-seulement la portion médullaire du cerveau, de la moelle épinière, des nerfs, tant des organes des sens que des muscles, mais aussi le principe vital ou l'esprit de vie qui est répandu partout le corps, sans être perceptible à nos sens, autrement que par ses effets); que les effets immédiats du dérangement de ces facultés sont des mouvemens désordonnés des fibres du corps; que le sensorium possède quatre forces ou facultés qui, en agissant suivant les circonstances, produisent tous les mouvemens des parties fibreuses.

Ces quatre forces ou facultés de produire des mouvemens fibreux sont déterminées, 1°. par l'irritation des corps externes; 2°. au moyen de la sensibilité qui est excitée par le plaisir et la douleur; 3°. au moyen de la volonté, qui est déterminée par le désir ou l'aversion; 4°. par association, lorsque les mouvemens des fibres sont déterminés par d'autres mouvemens de fibres.

D'où résultent quatre classes naturelles de maladies; 1°. d'irritation; 2°. de sensibilité; 3°. de la volonté; 4°. d'association.

Dans la première classe se trouvent placées la synoque de certains auteurs, ou fièvre d'irritation (*febris irritativa*), dont le caractère consiste dans la force du pouls, sans inflammation locale; et celle qui a lieu par défaut d'irritation (*febris inirritativa*), typhus simple, fièvre nerveuse, qui a pour caractère un pouls faible, sans inflammation locale.

Dans la seconde classe se trouvent, 1°. une fièvre par excès de sensibilité, sans inflammation locale (*febris sensitiva*); 2°. une fièvre par excès de sensibilité et d'irritation (*febris sensitiva et irritata*), une fièvre inflammatoire, ou phlegmasie (*caractère*, pouls fort avec inflammation des tuniques des artères); elle consiste dans une inflammation locale, elle passe à la suppuration, lorsqu'elle n'est pas arrêtée. Elle diffère de la fièvre d'irritation par la sensation de douleur dont elle est accompagnée. Encore la douleur qui distingue la fièvre essentielle de l'inflammation interne! 3°. une fièvre par excès de sensibilité et diminution d'excitement (*febris sensitiva inirritata*), typhus grave, fièvre putride, nerveuse. Elle est souvent accompagnée d'une inflammation locale, qui passe rapidement à la gangrène, lorsque les forces du système artériel ne sont pas soutenues : en lui donnant le nom de putride, on a pris l'effet pour la cause.

Dans la quatrième classe, les fièvres par excès ou défaut d'irritation reparaissent encore, parce que l'augmentation ou la diminution des mouvemens du cœur et des artères, a souvent lieu par l'association du système artériel, avec un autre ordre de vaisseaux.

L'intermittence ou la remittence des fièvres n'est qu'une circonstance qui ne tient pas à leur essence. C'est un phénomène qui dépend de l'influence du soleil ou de la lune, ou des périodes luni-solaires. L'auteur regarde l'influence de la gravitation de ces astres, comme une condition *sine quâ non* de l'existence des corps organisés ; cette influence lui paraît aussi évidente sur les êtres animés que sur les flots de la mer. Ces fièvres intermittentes sont produites par la torpeur des capillaires de la peau, et l'accumulation des forces nerveuses ou de l'esprit vital. (Cet extrait est tiré de la traduction de BRANDIS.) C'est à peu près le spasme de CULLEN, de Fréd. HOFFMANN.

Cet auteur a-t-il deviné le secret de la nature dans le mécanisme des fièvres ? Cela peut paraître douteux, quand on considère de quelle manière les faits sont toujours pliés sous la théorie.

Les hommes ne vont pas loin lorsqu'ils sont privés du secours des sens.

Avant BROWN et DARWIN, MACKITTRICK avait déjà produit un système à peu près semblable. (*Commentaries on the principles and practice of physic.*)

La plupart des maladies de notre corps paraissent avoir leur source dans l'excès, l'irrégularité ou la diminution des mouvemens des différens organes; ce qui peut dépendre de l'action viciée des fibres motrices, de leur excitement par l'action violente de certaines choses non naturelles. Aussi cet auteur range-t-il la plupart des fièvres dans son tableau VII, intitulé mouvement progressif (*progressive motion*), entendant par là le mouvement du sang circulant à travers le cœur, les artères et les veines.

Il considère ce fluide sous le double rapport, 1°. de son accélération. Il range dans cette catégorie, le *causus* ou fièvre ardente des anciens, la fièvre inflammatoire simple de BOERHAAVE, la fièvre ardente, bilieuse de RIVIÈRE, ensuite toutes les fièvres symptomatiques dépendant de l'inflammation des viscères, etc. On voit par ce tableau qu'il sépare les fièvres essentielles des symptomatiques; mais il n'indique aucunement en quoi consiste la différence; 2°. de sa diminution, qui comprend toutes les fièvres accompagnées de la débilité du principe vital ou nerveux.

La fièvre nerveuse d'HUXHAM, maligne, nerveuse de WILLIS, toutes les fièvres lentes des tempéramens phlegmatiques et gras; enfin toutes les espèces de fièvres malignes, décrites jusqu'à lui, se trouvent rangées dans cette section.

Il pense, à la vérité, que de telles fièvres ne dépendent pas uniquement de la faiblesse du principe nerveux ou vital, mais aussi de quelque principe malin ou putride; aussi fait-il un autre tableau intitulé, mouvement intestin (*intestine motion*), dans la persuasion que les humeurs sont susceptibles d'une certaine altération de leurs principes constituans; il place dans ce tableau la fièvre putride, la fièvre jaune, etc., etc.

Mais il présente cette théorie avec défiance, et il en prévient les jeunes praticiens.

L'ouvrage de Mackittrick me semble renfermer le genre des systèmes de Brown et de Darwin; c'est pour cette raison que j'ai placé ici cet extrait, ayant plus égard à certains rapprochemens qu'à l'ordre chronologique; mais nous ne trouvons pas encore là les preuves que nous cherchons.

Reil, dans son traité sur la connaissance et la cure des fièvres, considère la fièvre comme une déviation des forces vitales d'un organe de son état sain; l'irritabilité est augmentée, la force motrice reste entière ou est affaiblie; dans la suite, l'action vitale augmentée par cet état, peut détruire enfin la force motrice, et celle de végétation ; le mélange des parties et leur organisation ne sont pas lésés d'une manière sensible à l'œil ; les nerfs et les vaisseaux qui appartiennent de plus près à la partie, partagent la maladie.

L'auteur trouve que la définition de M. ELSNER est celle qui se rapproche le plus de la sienne, la voici :

Un changement dans l'irritabilité qui se manifeste par une déviation des mouvemens du cœur et des artères. Pour moi, je trouve que cette exposition est fort embarrassée, et très-éloignée d'être claire. Il est curieux de voir un homme, doué d'ailleurs d'un bon jugement, faire les derniers efforts pour définir une chose qui, telle qu'il la conçoit, n'existe que dans son imagination. Il me semble voir quelqu'un s'efforcer de saisir un filament qui n'existe que dans son œil. L'auteur aurait désiré trouver dans le type, dans l'excès du mouvement, dans la durée des périodes, une définition convenable de la fièvre ; mais il a vu, jusqu'à l'évidence, que ces circonstances ne pouvaient fournir une définition assez générale pour renfermer ce que le langage ordinaire et l'opinion des médecins affectaient au mot fièvre; je n'en suis pas surpris. Il se demande enfin quel objet représente le mot fièvre; est-ce un ordre, un genre, une espèce de maladie?

Voulons-nous établir simplement sur ce mot un genre, ou une espèce, comme, par exemple, la fièvre des vaisseaux? Il serait facile de le définir; mais tout cela est contraire au langage ordinaire, puisque nous comprenons sous le mot fièvre, des genres et des espèces. Ce ne peut donc être, ni un genre, ni une espèce, et si nous en faisons un genre ou un ordre; car, enfin, nous devons comprendre, sous la dénomination d'ordres, toutes les maladies qui, semblables par leur nature, ont lieu dans des organes différens. Ce raisonnement me paraît juste; cependant il y a des médecins philosophes qui n'y ont pas regardé de si près. L'auteur a bien de la peine à sortir de cet embarras, ou, pour mieux dire, il n'en sort pas même à sa propre satisfaction, ce qui est pourtant assez ordinaire.

SELLE, dans sa *Pyrétologie*, nous offre déjà le même spectacle. Revenant donc à l'observation, REIL remarque que, dans tous les organes, et dans ceux principalement où la force vitale se manifeste le plus fortement, on peut distinguer trois forces spéciales, l'irritation, la force motrice, et celle de végétation ; ces forces sont le résultat du mélange et de la forme des parties. Quelle variation entre les auteurs dans le nombre et l'appréciation de ces forces!

L'observation apprend que ces trois forces sont, à quelques égards, indépendantes l'une de l'autre, et que certaines modifications du mélange sur lequel repose l'une ou l'autre de ces propriétés, peuvent avoir lieu séparément, de sorte que l'altération du mélange de la matière animale, considérée comme cause de la fièvre, peut porter tantôt sur l'irritabilité, tantôt sur la force motrice, ou enfin sur celle de végétation ; l'une peut être exaltée, l'autre affaiblie, et, au contraire, ou enfin toutes peuvent être paralysées à la fois ; ce qui permet d'établir trois modifications maladives des forces animales dans les organes fébricitans, modifications qui servent de fondement à la fièvre ;

1°. Exaltation de l'irritabilité et des forces motrices ; 2°. exaltation de l'irritabilité avec affaiblissement des forces motrices ; 3°. affaiblissement, ou destruction entière de toutes les forces animales.

L'expérience prouve l'existence de ces trois espèces différentes de lésion des forces vitales, et généralement elle est démontrée par des signes si évidens, que l'on peut les distinguer facilement sur ces lésions ainsi déterminées.

L'auteur établit trois genres principaux de fièvre :

La synoque (*Synocha*);

Le typhus (*typhus*);

L'ataxie (*l'ahmung*);

Les fièvres et les inflammations se trouvent rangées dans ces trois catégories. Toutes les maladies fébriles peuvent paraître sous ces trois formes, et par conséquent être répétées dans chaque genre.

La fièvre (il est clair qu'il considère d'abord la fièvre comme une affection générale), proprement dite, est une maladie des vaisseaux (*febris vasorum.*) C'est une maladie générale des forces animales du cœur, de tous les vaisseaux sanguins, et principalement des artères.

L'auteur observe lui-même que cette définition est défectueuse, parce que les inflammations propres sont aussi des maladies des vaisseaux sanguins.

Mais comment se fait-il que dans cette fièvre des vaisseaux, le cœur et les artères accélèrent leur mouvement? Cet effet est-il le résultat de la simple impression du sang, ou bien de l'impression d'un âcre contenu dans le sang?

Il n'admet ni l'une ni l'autre de ces suppositions, il est plus porté à croire que cette activité augmentée est le résultat d'une opération chimico-animale, qui a lieu dans les tuniques des vaisseaux même par l'entremise de leurs capillaires; ce qui le fait penser ainsi, c'est que lui-même et d'autres ont trouvé, après des fièvres très-aiguës, les tuniques des artères enflammées.

Que prouvent cette exposition générale, et cette définition particulière de la fièvre des vaisseaux? Que l'auteur s'est perdu, comme tant d'autres, dans ce labyrinthe. Il n'y a, dans tout cela, rien de bien clair, si ce n'est qu'il a observé et reconnu trois états qui, pour me servir des anciens termes, sont les fièvres inflammatoire, putride et maligne; tout ce qu'il avance sur le reste, peut être contesté avec avantage, et doit paraître fort douteux.

Selle, un des médecins qui ait le mieux connu l'art de bien raisonner, trouve dans ce sujet des difficultés insurmontables; il définit la fièvre : *Morbus cum frigore, œstu et pulsu naturali nunc frequentiori, nunc tardiori, vario gradu atque tempore stipatus.*

Peut-on croire qu'une telle définition convienne à une seule et même maladie? L'auteur le sent parfaitement, car il ajoute un peu plus bas :

Puisqu'il n'y a nul doute qu'il existe plusieurs maladies qui se rapprochent autant des fièvres par leur nature que les symptômes susdits diffèrent entre eux, il s'ensuit que les définitions semblables à la nôtre, sont nécessairement fautives, puisqu'elles ne comprennent pas toutes les maladies, qui, sous le rapport de leur nature, ou ce qui est la même chose, à raison de leurs causes matérielles, ont entre elles la plus grande analogie; voilà d'où sont venues les plaintes réitérées des auteurs sur l'insuffisance des définitions de la fièvre; mais il est probable que beaucoup d'entre eux n'ont pas aperçu la véritable raison de la difficulté. Si donc nous ne voulons pas rayer du catalogue des fièvres toutes les maladies dont les symptômes ne coïncident pas avec notre description, il faut trouver une autre définition, ou au moins une description qui renferme les signes communs à toutes ces maladies, qui, par leur essence, se rapprochent de nos fièvres.....

Mais je ne rougis pas d'avouer ici mon impuissance. (*Vid. Rudim. pyret. metho. pag.* 86.) Il ajoute plus loin, après avoir produit tous les argùmens que le sujet peut suggérer... *Ex omnibus his propositis apertum est, nullo respectu veram febris definitionem philosophicam dari posse, nisi plures morbos apud omnes auctores, sub febrium nomine cognitos ex febrium catalogo relegare velimus* (*l. c. pag.* 87.) Il est difficile, en effet, de donner une définition philosophique d'une expression populaire.

Selle établit quatre ordres de fièvres, continentes, rémittentes, ataxiques et intermittentes. Après avoir admiré dans l'introduction du livre la logique serrée de l'auteur, on ne le voit pas, sans regret, adopter une semblable division. Trois ordres sont fondés sur le type, un quatrième sur l'irrégularité des symptômes.

On peut dire, pour l'excuser, qu'il n'a pas eu la prétention de faire une pyrétologie philosophique, mais simplement une méthode utile à la pratique; encore est-il douteux qu'il y ait réussi. Toujours il est certain qu'il n'a pas éclairci la question des fièvres essentielles.

Frank, dans son *epitome*, adopte également la division des fièvres en primitives ou essentielles, secondaires ou symptomatiques ; mais il ne peut en indiquer la différence, il est arrêté par une difficulté qu'il ne peut dissimuler.

Febris magnœ familiœ morborum nomen est. Quid sit febris definiri non facile : satellites febris omnes tyranni prœsentiam, prœsentes docent, absentes multi non excludunt. Febris certorum potius morborum umbra quàm ipse morbus est.

Voici la définition particulière qu'il donne de la fièvre :

Affectio irritatœ per inconsuetum stimulum reagentis naturœ, cum lœsâ abhinc functione aliquâ.

Cette définition me paraîtrait plus juste, si elle était retournée ; mais elle serait encore trop vague. Ce n'est pas encore dans cet ouvrage que nous trouverons la solution de notre question ; je l'ai cité seulement pour ne pas passer sous silence un auteur d'une si grande réputation.

Nous voici parvenus au temps marqué par

monsieur le rapporteur de la commission, comme une époque fameuse dans les fastes de la médecine.

La *nosographie philosophique*, qui a paru vers la fin du XVIIIe. siècle, a été accueillie en France avec enthousiasme. L'époque à laquelle ce livre a vu le jour, la nouveauté des mots, l'ordre et la clarté de l'ouvrage ont enlevé tous les suffrages. Cependant, en l'examinant sous le seul rapport de la doctrine des fièvres, je ne vois rien qui réponde à la pompe de son titre.

L'auteur avance que la médecine est une branche de l'histoire naturelle, ce qui est vrai dans le sens que tout est dans la nature, mais non selon l'usage ordinaire de la langue. La médecine ne consiste pas en descriptions; elle en fait usage, mais pour s'élever à des spéculations d'un autre ordre. La médecine, ainsi que l'a dit HIPPOCRATE, est une branche de la philosophie. Ces tableaux de maladies, qui paraissent si beaux et si clairs sur le papier, n'ont pas pour la pratique tous les avantages qu'ils semblent promettre. Pourquoi? Parce qu'on réunit toutes les ressemblances, et que l'on néglige les différences qu'on ne manque jamais de rencontrer dans l'individualité; et, lorsque l'auteur quitte son livre, il est peut-être aussi embarrassé que ceux qu'il prétend instruire.

Dans un système vraiment philosophique, la classe doit renfermer les caractères communs à tous les ordres, et les ordres ceux de tous les genres; mais, dans l'ouvrage cité, il n'en est pas ainsi. Il y a six ordres: angioténique, méningo-gastrique, adéno-méningée, adynamique, ataxique, adéno-nerveuse.

Quatre de ces ordres sont fondés sur l'anatomie et non pas sur l'anatomie pathologique, et deux sur les symptômes; ce qui est évidemment contraire à un ordre véritablement systématique. Dans le cinquième ordre, on trouve, probablement comme genre, une fièvre cérébrale; cependant, d'après le système adopté, ce genre aurait dû être un ordre : autre défaut.

Les anciens médecins, dont parle Galien, donnaient aux fièvres le nom des différentes parties dont la lésion excitait cette affection. *Lateralem febrem aliquam vocantes, et jecorariam et lienariam.* (*Vid.* Gal. *in lib.* vi. Hippo. *de Morb. vulg., pag.* 703.) Il y a tout lieu de croire que ces médecins n'admettaient pas de fièvres essentielles.

Il est étonnant que l'auteur, qui avait si bien traité des affections des membranes, n'ait pas fait un pas de plus; qu'il n'ait pas décrit les inflammations et les fluxions de la membrane muqueuse gastrique et intestinale sous toutes leurs formes. S'il l'eût fait, il n'y a point de doute qu'il eût supprimé la classe entière des fièvres; ce à quoi il n'a pas pensé, quoiqu'on ne puisse dissimuler qu'il se soit beaucoup rapproché de cette idée. Est-ce un pressentiment qui lui fait dire dans sa *Méthode d'étudier en médecine* : « Dans la médecine, comme dans toutes les autres sciences naturelles, nul spectacle n'est plus instructif et plus propre à exciter l'émulation que celui de la marche progressive des découvertes. Souvent ce qu'un auteur célèbre a omis, est trouvé par un autre et devient un des plus beaux titres de sa gloire. »

D'ailleurs cette division des maladies par classes, ordres, genres et espèces, n'est propre qu'à favoriser l'empirisme, tant que le traitement convenable à ces catégories n'est pas déterminé d'une manière rigoureuse.

L'auteur que je cite a si bien senti cette conséquence, que, dans son *Appendix aux fièvres essentielles* (tome 1, page 299), il déclare que, relativement à ce qu'on appelle médecine d'expectation ou d'action (ou du traitement pris dans un sens général), les six ordres de fièvres peuvent se réduire en deux sections, dont la première comprendrait les fièvres inflammatoires, gastriques et muqueuses; la seconde, les fièvres adynamiques, ataxiques et la peste du Levant. Il me semble aussi que, dans l'impuissance où se trouvait l'auteur d'établir un véritable système, il eût mieux valu se borner aux deux divisions qu'il indique.

On ne peut considérer un corps vivant comme une plante, un oiseau, que l'on décrit pour en parler. Une maladie n'est point un tout qu'on puisse saisir du même coup d'œil; c'est une multitude d'actions simultanées ou progressives. Si la fin est une suite nécessaire du commencement, le médecin ne le sait qu'imparfaitement. Le présent est souvent obscur, l'avenir toujours incertain. Un médecin doit observer un corps malade, comme un artiste considère une machine dont il ne connaît qu'imparfaitement le mécanisme. Il faut des connaissances pour en juger, de l'ordre pour s'y reconnaître; mais cet ordre ne doit pas être celui des botanistes.

Il résulte de cet examen que, dès la plus haute antiquité, on a divisé les maladies aiguës en fièvres proprement dites, ou essentielles, et en affections des différens organes avec fièvre. Cette division reposait probablement sur ce que, dans ces dernières, la lésion d'un organe ou d'un viscère bien connu était manifeste; tandis que, dans les fièvres proprement dites, on n'observait aucun siége particulier, mais plutôt un trouble général des fonctions.

Pour éviter toute confusion, il faut remarquer premièrement que, pour exprimer ce trouble général des fonctions, on prit le nom du symptôme le plus constant et le plus saillant, c'est-à-dire une partie pour le tout; mais comme la partie ne renfermait pas le tout, lorsqu'on définissait la partie, il est évident qu'on ne définissait pas le tout; d'où est résulté une grande confusion et une impossibilité absolue de s'entendre, qui avait sa source dans le langage.

Cependant ce trouble général des fonctions, appelé fièvre essentielle, a été analysé et divisé en plusieurs états assez bien déterminés. On n'a pas même été long-temps à s'apercevoir que toutes les autres maladies aiguës locales ne présentaient pas seulement le symptôme saillant appelé fièvre, mais aussi le caractère de l'état général dont le mot de fièvre ne faisait qu'une partie.

Ces états généraux, appelés fièvres essentielles, sont connus, ainsi que je l'ai déjà dit, sous le nom de fièvres inflammatoire, putride, maligne ou nerveuse, ou l'équivalent.

La spécification de ces états est ce qu'il y a de réel dans ce sujet; c'est le résultat de l'expérience et de l'observation de tous les siècles. De sorte que l'existence des fièvres essentielles, comme sujet d'observation ou comme un enchaînement de phénomènes dépendant d'une cause inconnue, est appuyé sur toutes les preuves que comporte un tel objet des connaissances humaines; mais si on prend cet enchaînement pour un être réel, pour une cause, on tombe dans l'erreur.

Pour m'expliquer encore plus clairement, car je crains tant d'expliquer une obscurité par une autre obscurité, qu'en faveur de ce motif, on me pardonnera peut-être un peu de prolixité; je dis donc qu'il suit de ce qui précède, qu'une fièvre symptomatique ne diffère pas d'une fièvre essentielle, parce que la première est le résultat d'une inflammation, tandis que la seconde ne dépend pas d'une telle cause; car, dans tout ce que nous avons rapporté, il n'existe aucune preuve de cette différence; mais qu'elle est essentielle, en ce qu'elle représente, par abstraction, certains états constans, observés dans les maladies, par les médecins de tous les lieux et de tous les temps; si toutefois le nom d'essentielle ne signifie autre chose, sinon que ce qui fait qu'elle est ainsi, est d'être déterminée par l'observation, comme une forme, un modèle.

Seconde partie.

Les fauteurs de la nouvelle doctrine ont-ils prouvé qu'il n'existait pas de fièvres essentielles?

J'ai dit, dans la première partie de cette dissertation, que la question qui nous occupe avait déjà été agitée dans l'antiquité.

BAGLIVI rapporte que Henri SCRÉTA avait renouvelé de DIOCLÈS, de Karyste, cette opinion presque ensevelie dans l'oubli, que toutes les fièvres proviennent de l'inflammation des viscères.

Si SCRÉTA a soutenu cette thèse, c'est probablement dans son traité de la peste qu'il publia à Schaffhouse en 1675. Je n'ai pu me procurer cet ouvrage, et j'ignore quelles sont les preuves qu'il produit; mais je doute que la citation de BAGLIVI soit exacte ; car je n'ai vu nulle part que DIOCLÈS eût émis cette opinion; s'il l'eût fait, GALIEN n'aurait pas manqué d'en parler; il paraît si animé contre ERASISTRATE, qu'entre tous les reproches qu'il lui adresse, il n'aurait pas oublié d'ajouter qu'il n'avait pas même en cela l'honneur de l'invention.

Pour ERASISTRATE, il n'y a nul doute qu'il a formellement soutenu, dans un des traités qu'il a composés *ex professo*, que la fièvre n'était qu'un symptôme de l'inflammation, ainsi qu'on en peut juger par les citations suivantes.

GALIEN veut prouver que l'essence de la fièvre consiste dans une chaleur non naturelle, qui se répand d'un foyer dans toutes les parties du corps, et il ajoute : *Sed neutrum vult* ERASISTRATUS : *mentem enim hujus passionis mox acceptat, et palam quoniam, et substantiam, et omnem febrem antecedere ait phlegmationem.* (*Vid.* GALEN. *de causis procatarticis*, *pag.* 503, *edit. citat.*)

Dans un autre endroit (*de venæ sectione pag.* 996), combattant l'opinion d'ERASISTRATE, qui craignait de trop abattre les forces, en saignant dans les inflammations, et se contentait d'ordonner une diète sévère, GALIEN dit qu'en tirant du sang aux hémophthisiques, il est possible que le vaisseau se cicatrise avant que la fièvre ne survienne; puis il cite, comme par dérision, l'axiome d'ERASISTRATE : *Febricitantibus autem partem aliquam jam inflammare necesse est;* et quelques lignes plus bas, il ajoute, comme une conséquence : *Ex his itaque despicere licet, quod si quis* ERASISTRATO *obtemperare velit, abstinere magis à venæ sectione in his debeat quæ jam inflammare incœperint, quam quæ nondum inflammatione sunt correpta*

Dans un autre passage des causes procatartiques, *pag.* 501, s'adressant à ERASISTRATE et à ses partisans : *Quando omnem febrem ex phlegmone putat, omnino habet ostendere qualiter curatus demum similiter sanis dictatus sit de reliquo.*

Il raconte un peu plus bas que les disciples d'ERASISTRATE, pour éviter d'être confondus dans leurs argumens, commencent par se moquer de ceux qui observent les urines, les appelant teinturiers; qu'ils les trompent quelquefois en leur envoyant des urines supposées, et le tout pourquoi? Pour sauver ce beau dogme que toutes les fièvres proviennent de l'inflammation. *Scilicet quod omnes febres in inflammatione fiunt.*

Argumentant toujours contre ERASISTRATE, il cite le passage suivant du troisième traité que ce dernier médecin avait composé sur les fièvres : *Circà ægritudinum igitur initia ac inflammationum generationes, omnem sorbitionum oblationem auferre oportet : inflammationes enim quæ febret faciunt, ut plurimum ex repletione fiunt* (*de venæ sectio. adversus* ERASIST. pag. 969.)

CELSE, analysant les symptômes de l'inflammation, ajoute : *Notæ verò inflammationis sunt quatuor, rubor et tumor cum calore et dolore : quo magis erravit* ERASISTRATUS *qui febrem nullam sine hac* (*inflammatione*) *esse dixit.* (*Corn.* CELSI, *lib.* III, *pag.* 130, *edit. Paris.* 1772.) Cette manière d'argumenter est loin d'être conforme aux règles, mais il ne s'agit ici que de l'opinion d'ERASISTRATE.

Il me semble donc parfaitement prouvé que ce médecin considérait la fièvre comme un symptôme de l'inflammation; entendant simplement par le mot fièvre le mouvement accéléré du cœur et des artères; mais sur quels fondemens était appuyée cette opinion? c'est ce qu'il est impossible de savoir, puisque ses ouvrages se sont perdus. Peut-on croire que cette idée lui ait été suggérée par l'inspection des cadavres? ERASISTRATE est cité comme un grand anatomiste; mais il n'est fait nulle mention de ses découvertes en anatomie pathologique; cependant il n'y a point de doute qu'il n'ait ouvert des cadavres humains, car il a fait l'anatomie comparée du cerveau. (Vid. GAL. *de dogmat.* HIPP. et PLATONIS, idem *de usu part. lib.* VIII.)

Il pensait que le sang ne pénétrait dans les artères que par erreur de lieu, que ces vaisseaux ne contenaient ordinairement que de l'esprit; quand le sang s'y introduisait, il y avait maladie, inflammation, si le sang ne pénétrait que dans les capillaires; fièvre, lorsqu'il remplissait le cœur et les gros troncs artériels.

Il est probable que l'état de vacuité des artères, après la mort, lui aura suggéré l'idée de cette théorie; mais est-ce par suite de cette idée, qu'il a pensé que la fièvre était toujours produite par l'inflammation, ou bien est-ce le résultat de quelques autres observations? C'est ce que je ne puis dire. Ce qu'il y a de vrai, c'est que ce médecin avait beaucoup d'esprit et de pénétration; il n'est donc pas sans intérêt de voir reproduire aujourd'hui le même système appuyé sur des faits positifs, et des observations nombreuses : fera-t-on aux nouveaux partisans de cette nouvelle doctrine le reproche que GALIEN adressait aux anciens : *manifestum igitur est quoniam necessarium fuit novi facere et ingeniare et sophistisare adversus ea quæ manifeste apparent?*

Quoi qu'il en soit, la doctrine nouvelle ou renouvelée a pris sa source dans l'anatomie pathologique. Ceux qui ont ouvert un grand nombre de sujets morts de ces maladies appelées fièvres essentielles, ont trouvé constamment dans le cerveau, l'estomac, le foie, la rate et le canal intestinal, des traces d'inflammation, de suppuration et de gangrène; ces résultats leur ont paru tellement semblables à ceux d'autres maladies où les médecins avaient reconnu unanimement que la fièvre était symptomatique, qu'ils ont conclu, par analogie, que les fièvres dites essentielles étaient produites par l'inflammation d'un ou de plusieurs des viscères susdits.

Alors s'est renouvelée cette grande dispute qui avait agité les médecins de l'antiquité; (*vid. Corn.* CELS. *lib.* 1, *pag.* 11, 13) savoir si l'inspection des cadavres et les sections pratiquées sur les hommes et sur les animaux vivans, pouvaient être de quelque utilité à la médecine?

Les uns croyaient que ces sections pouvaient jeter un grand jour sur la formation des maladies; d'autres en avaient horreur par dégoût pour les morts, et à raison de la cruauté qu'il y a à inciser les vivans. Ils objectaient que les parties d'un homme ou d'un animal que l'on tourmente, sont altérées par la douleur, et qu'elles le sont encore plus dans les corps privés de vie; que l'ouverture des sujets est souvent inutile, parce que la maladie ne laisse aucune trace et que l'incertitude augmente au lieu de se dissiper.

Je pense comme CELSE que la vérité est dans le milieu, qu'il y a dans ces objections quelque chose de vrai et beaucoup d'exagération. On entend qu'il ne s'agit plus d'inciser des hommes vivans ; nos mœurs et notre religion ont fait justice de ces indignités. Mais le sentiment de CELSE sur ce sujet est louable dans un médecin romain ; car si la médecine avait été aussi en honneur à Rome qu'à Alexandrie, je ne doute point que ces expériences ne se fussent renouvelées. Comment croire, en effet, que des hommes qui sacrifiaient des milliers de leurs semblables à leurs plaisirs, se fussent fait un scrupule d'en immoler quelques uns à leur utilité?

Quoi qu'il en soit de ces opinions sur les sections anatomiques, il est certain que, depuis un siècle, on en a fait un grand nombre, et il l'est également que ceux qui se sont adonnés à ce genre d'étude, ont eu sur les causes des maladies d'autres idées que les médecins simplement praticiens, ou simplement spéculatifs.

Il est encore à observer que l'accord a été unanime entre les médecins sur l'utilité de l'anatomie pathologique, lorsqu'il s'est agi de maladies autres que les fièvres essentielles. Quels éloges n'a-t-on pas donnés aux travaux de BARTHOLIN, TULPIUS, BAILLOU, SALZMANN, RUISCH, MORTON, BONNET, VALSALVA, MORGAGNI, LIEUTAUD, BAILLIE, POR-

TAL, etc., etc....? Pourquoi donc en est-il autrement à l'occasion des fièvres essentielles? C'est que ce point touche aux systèmes et aux opinions.

BAILLOU est un des premiers en France qui ait ouvert des cadavres. (Vid. curt. SPRINGEL, *tom.* 5, *pag.* 530.) Il pense que ce peut être le sujet d'une grande question, de déterminer si les fièvres essentielles ne sont pas symptomatiques de quelque affection interne. *Atque hercle magna questio esse potest, an non essentiales febres peculiarem affectionem partium aliquarum internarum sequuntur.*

En l'année 1694, CHIRAC fut envoyé à Rochefort, par ordre de la Cour, pour observer une épidémie qui faisait de grands ravages dans cette ville. Il était encore imbu des préjugés de l'école, et des idées confuses de fièvre et de malignité, lorsqu'il se mit à ouvrir les corps de ceux qui avaient succombé. Le spectacle qui frappa ses yeux, fut pour lui un trait de lumière; il conçut que les lésions qu'il découvrait dans le cerveau, le poumon, l'estomac, le foie et les intestins, devaient être la vraie cause des fièvres malignes dont il avait observé les symptômes. Cette réflexion lui inspira le plus grand mépris pour HIPPO-

CRATE, GALIEN et tous les médecins de l'antiquité; du mépris il passa à l'orgueil; il se crut à même d'établir des principes avec lesquels on pourrait se passer de l'expérience des siècles; il s'imagina avoir élevé à sa gloire un monument plus durable que l'airain.

Exegi monumentum œre perennius,
Non omnis moriar.

Dans l'idée où il était que la circulation du sang était presque l'unique cause du mécanisme du corps humain, il crut rendre raison de tous les phénomènes, par l'épaississement, la corruption et le caillebottement du sang; mais la théorie ne nuit pas aux faits.

A son arrivée à Rochefort, il n'y avait d'autre maladie régnante que la rougeole et la petite vérole.

« Dans ceux qui moururent de la petite vérole, je trouvai, dit-il, le cerveau engorgé de sang, d'un rouge foncé ou livide, souvent inondé de sérosités claires ou sanieuses, le poumon plus rarement altéré, le foie engorgé de sang, l'estomac et les intestins rougeâtres, et leurs vaisseaux trop apparens, et tant les membranes du cerveau que la superficie du poumon, de l'estomac et des intestins parsemées en plusieurs endroits de pustules de petite vérole avortées.

« Le cerveau, le poumon, le foie, l'estomac et les intestins, se trouvèrent constamment gorgés de sang, d'un rouge foncé ou livide, dans tous ceux qui moururent de la rougeole; et le cerveau, la cavité de la poitrine, le bas ventre, se remplirent le plus souvent d'une sérosité sanieuse; plusieurs endroits de l'estomac et des intestins étaient parsemés, ainsi que les membranes du cerveau, de taches pourprées ou livides.

« Dans ceux qui moururent d'une fièvre double tierce, subintrante, le foie, l'estomac et les intestins étaient constamment engorgés d'un sang rouge foncé, tirant sur le livide.

» Dans ceux qui moururent d'une fièvre maligne pourprée, ou sans pourpre, le foie était enflammé, gorgé de sang, l'estomac et les intestins étaient rouges, enflammés et parsemés de taches livides. Dans plusieurs qui moururent le septième jour de la maladie, une sérosité sanieuse était répandue entre les membranes du cerveau et du bas ventre.

« Dans les fièvres pestilentielles, le cerveau, le foie, l'estomac, se trouvèrent engorgés d'un sang rouge foncé, livide, charbonneux;

dans la plupart, les membranes du cerveau, la superficie de l'estomac et des intestins, étaient parsemées de taches livides ou pourprées avec plusieurs autres charbonnées semblables à celles qui avaient paru en plusieurs endroits de la peau. Je trouvai des abcès sanieux dans la substance du cerveau, ou dans le foie de quelques sujets, et de la sérosité sanieuse et claire répandue entre les membranes du cerveau, ou entre la pie-mère et la substance corticale qui l'avait absolument relâchée. La substance du foie se trouva dans quelques sujets presque réduite en bouillie. »

La cause interne de la mort d'un si grand nombre de malades parut si manifeste à l'auteur, et les grands accidens qu'il avait observés, lui parurent tellement liés avec les altérations qu'il avait découvertes dans le cerveau, le foie, l'estomac et les intestins, qu'il fut étonné que tant d'habiles médecins, tant anciens que modernes, eussent pris le change dans une matière sur laquelle il était si aisé d'avoir des éclaircissemens, et qui n'était pas hors de la portée des sens; il fut donc surpris qu'ils eussent eu recours à des causes occultes, venimeuses.

Il ne laissa échapper aucune occasion de

faire ouvrir les corps de ceux qui moururent, depuis ce temps, de toutes les espèces de fièvres malignes qui ont régné dans les lieux où il s'est trouvé, et spécialement à Paris, dans les années 1709—11—14.—Les observations qu'il a faites, et celles de plusieurs de ses élèves, se sont trouvées si conformes aux premières, qu'il crut les fondemens théoriques et pratiques de toutes les espèces de fièvres malignes absolument inébranlables.

Les analyses de l'ouverture des cadavres de plusieurs pestiférés que MM. Chicoyneau et Verny ont données au public, lors de la peste de Marseille, ont tant de rapport avec celles de l'auteur, qu'elles ont confirmé les idées qu'il avait prises à Rochefort.

Le résumé de la théorie de Chirac sur les fièvres malignes, est qu'il attribue tous les désordres qu'il a observés dans les viscères, d'abord à une simple disposition inflammatoire qu'il regarde comme la cause générale de ces fièvres, ou à des tumeurs phlegmoneuses dans les tempéramens sanguins, à des inflammations érysipélateuses dans les bilieux, à des œdèmes dans les pituiteux, et que le dernier résultat de tous ces états portés à l'extrême, est la gangrène ou la mortification des parties.

Tel est le résumé de l'opinion de CHIRAC sur les fièvres malignes, abstraction faite de la théorie du sang épais, grumelé, carbonisé.

CHIRAC avait fait ses observations sur un grand théâtre, elles étaient nombreuses; il les avait produites avec ce ton d'assurance que donne la conviction, et cependant il ne put ébranler la doctrine reçue. Les préjugés étaient encore trop enracinés, tout n'était pas préparé pour une révolution.

Cependant des observations semblables ont été faites de toutes parts.

SANCTORIUS rapporte que plusieurs médecins pensent que la fièvre maligne est produite par la gangrène du foie, ou de tout autre viscère, et il ajoute : *Quod nos non semel in cadaveribus observavimus.* GAGLIARDI, LANZONUS l'ont observé de même. (V. MORGAGNI, epist. X.) BAGLIVI pense que SPIGELIUS a eu raison de soutenir que les fièvres qui ont des redoublemens chaque jour, reconnaissent pour cause l'érysipèle des intestins. (Vid. BAGLIVI, *opera. lib.* 1, *pag.* 55.)

L'opinion de ce même BAGLIVI, sur toutes les fièvres malignes, mérite d'être citée ici : *Inter has febres præcipuæ sunt quas ve-*

teres vocarunt tritœopheias, hemitritœas typhodes, asodes, elodes, leipyrias, epiales; graves profectò et lethales sunt, nisi in doctissimum prudentissimumque medicum, bonâ sorte, patiens inciderit; statim ea pariunt symptomata quœ vulgò malignitati, sed falso adscribuntur; adscribi potiùs debent vel inflammationi internœ, et ob id turbato liquidorum progressui, vel cacoethico humorum apparatui in primis viis, aut in massâ sanguinis. (*Vid. lib. cit., pag.* 54.) Plus loin, pag. 56, il attribue la fièvre lipyrie à l'érysipèle de l'estomac, le typhus ou fièvre ardente à l'inflammation du ventricule. Qu'était-ce donc que sa fièvre mésentérique, sinon une inflammation des intestins?

Mais MORGAGNI, qui avait accueilli les observations de VALSALVA, qui avait fait lui-même un si grand nombre de sections anatomiques, déclare cependant que l'on ignore jusqu'à présent de quelle manière les fièvres font périr. Ce jugement est fort surprenant, en effet; mais j'en ai indiqué la raison dans mon premier mémoire, et je la crois péremptoire; c'est que MORGAGNI n'avait point ouvert de cadavres de fiévreux; il craignait, non sans raison, ces dissections dangereuses. (*Vid. epist. cit.*)

La quatrième observation de VALSALVA, la seule qui soit une véritable fièvre, double tierce d'abord, ensuite continue, présente des traces bien évidentes d'une inflammation passant à la gangrène, vers la fin de l'ileum, à l'endroit où cet intestin s'attache au mésentère.

Je pourrais grossir ce recueil de toutes les observations éparses qui se trouvent dans les sépulcres anatomiques; mais je m'en abstiendrai, parce que ces observations sont rarement faites avec l'exactitude désirée, et qu'elles n'ont pas été recueillies sur des masses assez considérables pour fournir une preuve complète.

Il me semble néanmoins que les observations suivantes peuvent donner à réfléchir à ceux qui savent comment on procède ordinairement à l'ouverture des corps; quant à ceux qui ne le savent pas, et qui croient que tout se fait exactement, parce qu'ils ne voient rien, il est probable que rien ne pourra les tirer d'erreur.

J. HUNTER, examinant le cadavre d'un cheval qui était mort subitement, à la suite d'une saignée au cou, découvrit que la tunique interne de la veine ouverte était enflammée jusque dans la poitrine, et que l'inflammation s'étendait jusqu'au cœur.

En ouvrant des abcès après des saignées malheureuses, il reconnut que ces abcès suivaient le trajet des gros vaisseaux, et qu'ils s'étaient formés dans leur intérieur.

Il observa le même phénomène dans des veines qui avoisinaient les abcès des poumons.

ABERNETHY rapporte un fait analogue. La veine blessée dans une saignée s'enflamma trois pouces au-dessus et au-dessous de l'ouverture; la peau devint gonflée et douloureuse, la fièvre se déclara. Un autre fois l'inflammation se manifesta seulement au-dessous de la plaie.

SCHERWEN cite un fait semblable dont une vieille femme fait le sujet.

FRANK rapporte que, dans des fièvres fortement inflammatoires, dans lesquelles les mouvemens du cœur et des artères étaient portés au plus haut degré, il a trouvé plusieurs fois la membrane interne des artères et des veines rouge et enflammée.

REIL atteste que, dans des circonstances

semblables, il a découvert des inflammations locales des gros ses artères ; c'est ce qui l'avait porté à croire, en dernier résultat, que toutes les fièvres dépendaient de l'inflammation des tuniques des artères; il me semble qu'il aurait mieux fait de le dire de suite, pour éviter toutes les difficultés dans lesquelles il s'implique.

Schmuck trouva dans un jeune homme qui avait éprouvé des battemens de cœur et de la difficulté de respirer, l'aorte enflammée et rouge à l'intérieur, dans une étendue de six pouces, à partir du cœur.

Dans une autre personne, qui était morte d'une inflammation des yeux, l'aorte pectorale et l'aorte ventrale, avec leurs branches principales, étaient rouges et enflammées.

Chez un manœuvre, qui était mort des suites d'une inflammation du bras avec suppuration, les troncs principaux des artères et des veines de ce membre étaient enflammés.

Dans un autre, qui avait succombé par suite d'une fracture du crâne, les carotides interne et externe, la thyroïdienne supérieure, la labiale, l'occipitale, la pharyngienne, ainsi que la veine jugulaire, offraient des traces de évidentes d'inflammation.

Chez une femme qui avorta au septième mois et fut atteinte d'une phlegmasie de l'utérus et du rectum suivie de suppuration, les artères de la matrice et des ovaires étaient enflammées, leurs membranes épaissies, leur calibre diminué; la veine rénale droite toute entière, et la veine cave, à partir de sa jonction avec la rénale, étaient enflammées.

MECKEL observa l'inflammation de la veine ombilicale chez un jeune enfant. OSIANDER cite un cas semblable.

MECKEL parle de même d'un jeune enfant qui mourut d'une hernie étranglée, peu de jours après sa naissance.

La dernière observation de MECKEL est celle d'une femme scrophuleuse, qui succomba à une péritonite, par suite de couche, avec divers symptômes qu'il serait trop long de rapporter ici. On incisa les tégumens au-dessus du mollet gauche, et dans la direction des vaisseaux cruraux qui baignaient dans le pus ainsi que le nerf crural; la veine avait la consistance d'une artère; en coupant ces vaisseaux transversalement, il sortit du sang de l'artère, et du pus de la veine.

M. SASSE a fait sur des animaux des expériences qui ont donné le même résultat. Ayant découvert de gros troncs artériels, et les ayant irrités extérieurement avec la teinture de cantharide, il vit, en les examinant deux jours après, qu'ils étaient rouges extérieurement, et la membrane interne vue avec la loupe offrait un superbe réseau de capillaires très-développés. Ces expériences furent répétées sur divers animaux (*V*. REIL, t. II, depuis la pag. 294 — 300.)

En disséquant le bras d'un soldat, qui avait succombé à une amputation de l'avant-bras, je trouvai la veine brachiale, jusqu'à son insertion dans la sous-clavière, remplie de suppuration, rouge et enflammée. J'appelai M. FOURTUI, alors mon chirurgien-major, pour examiner le cas; il me dit qu'il avait observé plusieurs fois le même phénomène, que souvent l'inflammation s'étendait jusqu'au cœur, et il ne doutait point que ce ne fût cette inflammation qui avait fait périr les blessés.

Je pourrais, si je voulais, accumuler un plus grand nombre d'observations semblables; mais c'est assez pour mon dessein, qui est de prouver que les veines et les artères sont susceptibles de s'enflammer, et s'enflamment très-souvent, et d'inspirer quelque défiance à ceux qui, n'ayant pas ouvert les principaux troncs des veines et des artères, non plus que la colonne vertébrale, déclarent cependant n'avoir observé aucune cause de mort, après des fièvres très-aiguës.

Ces faits peuvent servir aussi à expliquer pourquoi DEHAEN avait cru trop légèrement que le sang se changeait en pus.

En 1804, parut un livre intitulé *de la Médecine éclairée par l'observation et l'ouverture des corps*, par P. A. PROST, du département du Rhône. Ce livre était fait pour fixer l'attention des médecins et produire un grand changement dans la doctrine généralement admise sur les fièvres essentielles; mais l'auteur n'occupait aucune place importante, n'était membre d'aucune académie; le titre de médecin lui manquait peut-être alors; son nom était inconnu, et le livre fut enseveli dans un profond oubli. Cependant M. PROST avait procédé à ses ouvertures avec une constance et une exactitude peu connues avant lui; il avait promis de continuer un travail aussi rebutant que périlleux; mais il en fut probablement dégoûté, en voyant le peu d'accueil que l'on faisait à un ouvrage sur lequel il avait fondé, avec raison, de meilleures espérances. Ses observations sont exactes, ses autopsies nombreuses ; les conséquences qu'il en a tirées sont naturelles et portent la conviction : la forme de l'ouvrage, ainsi qu'il le dit lui-même, est peut-être défectueuse ; les observations eussent été mieux placées avant les prolègomenes ; les mots d'ataxie et d'adynamie détournés de leur acception encore mal assurée, répandent peut-être sur le sujet quelque obscurité ; toutes les conséquences ne découlent pas nécessairement des observations ; parce que l'auteur, après avoir très-bien traité ce qu'il connaissait parfaitement, veut, entraîné par une certaine chaleur naturelle, rendre raison de choses qu'il ne savait pas aussi bien. Mais, quant à son objet principal, ce livre est le plus précieux que je connaisse, on peut même dire le seul qui offre un aussi grand nombre de faits importans pour éclairer la doctrine des fièvres. Il prouve que, sur plusieurs centaines de sujets atteints de fièvres de divers noms auxquelles ils avaient succombé, on a toujours trouvé des lésions organiques, des phlogoses, des inflammations de plusieurs espèces et degrés, des gangrènes de la membrane interne ou muqueuse de l'estomac, des intestins grèles, et principalement du cœcum, avec des vers de diverses espèces.

Mais un fait de pathologie important qui avait déjà été signalé par DEHAEN, CULLEN, WIENHOLT et PUJOL; un fait qui jette le plus grand jour sur la question qui nous occupe et dont la preuve complète résulte de l'observation de M. PROST, c'est l'absence de la douleur dans l'inflammation et la gangrène de la membrane muqueuse intestinale.

Je crois, en suivant l'ordre chronologique, pouvoir placer ici les observations qui me sont propres et les inductions que j'en avais tirées dans le premier mémoire que j'eus l'honneur d'adresser à la Société. J'ai exposé les raisons qui m'avaient empêché de mettre au jour mon opinion; j'ai dit que M. BROUSSAIS ayant fait paraître son *Examen de la doctrine médicale*, il fallait une circonstance comme celle qui s'est présentée pour m'engager à traiter une question qui avait perdu le charme de la nouveauté. Lorsque je composai mon premier mémoire, je ne connaissais ni les observations de CHIRAC, ni le travail de M. PROST; je croyais n'avoir été prévenu que par M. BROUSSAIS; mais j'ai vu clairement, depuis ce temps, que ni lui ni moi n'avions l'honneur de l'invention. Cependant, vers la fin de 1804 ou 1805, j'avais conçu très-distinctement que la doctrine des fièvres essentielles, dans l'acception généralement reçue, ne pouvait être soutenue, en se conformant aux règles d'un raisonnement exact. Ce que je dis ici n'est pas pour revendiquer aucun droit de priorité, puisque je pense que ce droit est légitimement attribué à CHIRAC, et plus particulièrement à M. PROST; mais j'insiste sur ce point, par une raison qui ajoute beaucoup de force à la proposition que je soutiens, et me semble propre à faire une grande impression sur les esprits non prévenus; c'est que tous ceux qui ont ouvert un grand nombre de sujets morts à la suite des fièvres dites essentielles ont tous eu la même idée, sans s'être aucunement communiqué; qu'ils ont tous pensé que l'inflammation des membranes et des viscères donnait une explication suffisante des symptômes, et découvrait une cause perceptible aux sens, à laquelle il paraissait plus raisonnable de s'arrêter, que de recourir à des abstractions.

Pour ne point me répéter, et indiquer cependant comment j'ai été amené à penser ainsi, je donnerai une analyse succincte de la partie de mon premier mémoire qui a trait à ce sujet.

J'avais déjà ouvert ou vu ouvrir un nombre considérable de cadavres dans les amphithéâtres de Strasbourg, et les lésions tant de fois mentionnées s'étaient toujours offertes à mes regards, lorsque je vins à Paris, vers la fin de l'an IX, pour me perfectionner dans la pratique de la médecine.

J'avais l'idée que les maladies dont j'avais observé les résultats après la mort, avaient été mal déterminées, parce que je ne pouvais accorder ce que j'avais vu avec ce que j'avais lu ou appris; j'étais déjà dans l'incertitude. Le premier malade que j'avais observé à la clinique de M. Pinel, fut une vieille femme que le professeur lui-même avait déclarée atteinte d'une fièvre ataxique. MM. Murat et Schwilgué en firent l'ouverture; on reconnut une inflammation de l'arachoïde, et un épanchement de sérosité qui comprimait l'hémisphère droit du cerveau.

J'ai dit que M. Pinel avait déclaré que ce résultat était produit par la fièvre, tandis que je conclus absolument le contraire. Les ouvertures nombreuses que je fis dans la suite, me confirmèrent de plus en plus dans cette opinion. Cependant M. PROST affirme que, sur plus de deux cents sujets qui avaient succombé à des fièvres ataxiques, il n'a jamais trouvé de lésions organiques dans le cerveau ou les méninges ; mais le fait est constant pour le cas que je viens de citer, et je pense que l'auteur de la fièvre ataxique en connaissait les symptômes aussi bien que M. PROST, qui me semble, ainsi que je l'ai dit, détourner ce mot de sa première acception. Mais quand il serait encore question de la même maladie, je ne serais pas surpris de cette différence de résultat, parce que je sais qu'il est des années et même des périodes de temps plus longues, dans lesquelles certains organes sont lésés plus souvent que dans d'autres, et par les mêmes causes ; SYDENHAM en avait déjà fait la remarque.

On pourrait seulement conclure de la différence dont il s'agit, que les mêmes symptômes peuvent se manifester dans les corps malades, par une affection directe ou sympathique.

J'ai dit, en outre, qu'ayant ouvert un nombre immense de sujets morts de fièvres vulgairement appelées putrides, qui avaient éprouvé des vomissemens pendant un espace de temps plus ou moins prolongé, qui avaient eu les hypochondres ballonés, ou tout le ventre tendu, des déjections alvines de toutes les couleurs, des symptômes nerveux de toutes les espèces, avec ou sans péréchies, j'avais toujours trouvé des traces d'inflammation et de gangrène dans l'estomac, le duodénum, ou quelque portion du canal intestinal, et aussi, quoique moins souvent, des altérations dans la substance du foie et de la rate. Je suis même tellement convaincu qu'il en est toujours ainsi, que j'avais ajouté qu'après plus de deux mille ans, je me croyais en état de faire, sans beaucoup d'erreur, l'autopsie des sujets dont HIPPOCRATE avait tracé le tableau des maladies dans ses Epidémies.

J'ai ajouté que les traces de la maladie qui persistent après la mort, n'ont pas toujours la même apparence. Lorsque l'inflammation a existé à un haut degré dans les vaisseaux sanguins, ceux-ci sont gorgés d'un sang rouge ou noir, suivant que la maladie était plus ou moins avancée, au moment de la mort.

Dans cet état de choses, les traces sont toujours persistantes; mais si la maladie a eu son siége dans les lymphatiques; si le mouvement des capillaires sanguins n'a été augmenté que par association ; alors les traces ont disparu, à moins que la désorganisation des vaisseaux blancs ne soit parvenue au dernier degré, ou qu'il n'existe des ulcérations.

J'ai cité à ce sujet une observation toute récente, que j'avais faite sur une truie qui fut égorgée le cinquième jour d'une angine, qui l'empêchait à la fin de boire, de manger et presque de respirer. J'ai noté qu'à l'exception de deux petites vésicules à la base de la langue, on n'apercevait aucune trace d'inflammation dans tout le pharynx, que cette partie au contraire était très-pâle.

BICHAT avait déjà fait la même remarque sur des sujets morts d'une angine qui, pendant la vie, avait donné une teinte rouge, violette, aux piliers du voile du palais et à tout le pharynx.

M. le professeur PINEL a observé le même phénomène dans le croup.

Au moment de la mort, et même après la mort, lorsque l'action du système artériel a cessé, le veineux et le lymphatique continuent encore quelque temps leurs mouvemens de succion, soutirent le sang des capillaires sanguins, et l'accumulent dans les gros troncs veineux.

J'ai cité, à l'appui de ce mouvement des veines, après la cessation des mouvemens du cœur, l'observation d'un ouvrier qui fut couvert de pétéchies plus de douze heures après avoir cessé de respirer. J'ai dit aussi que, dans les fièvres subintrantes, les exacerbations paraissent provenir de l'envahissement de nouvelles portions d'intestins par la maladie; c'est la disposition des parties enflammées et l'état différent du tissu de la membrane muqueuse, qui m'a fait naître cette idée. On peut, dans quelques cas, voir très-distinctement que les portions enflammées, quelquefois continues sur la même longueur d'intestin, et quelquefois séparées par des portions saines, ont éprouvé l'action maladive à des jours différens. Il y a en qui tendent vers la guérison, tandis que d'autres sont en pleine gangrène. J'ai cité l'observation d'un érysipèle étendu sur une très-longue portion de peau qui a offert à l'extérieur le même phénomène et confirme mes premières observations. J'ai affirmé que, dans le seul hôpital de Bruges, n° 2, j'avais ouvert plus de cent sujets morts à la suite de fièvres intermittentes tierces ou double tierces dans le début, ensuite continues, et que j'ai toujours trouvé l'estomac ou les intestins altérés, le plus souvent l'un et l'autre.

J'ai produit trois observations avec l'ouverture des corps, seulement comme un modèle d'un genre d'altération dont je croyais que personne n'avait fait mention avant moi; mais j'ai vu depuis que c'était à peu près le même que M. Prost croit correspondre aux symptômes adynamiques.

Cette altération ne ressemblait en rien à celles que j'avais observées dans les fièvres inflammatoires ou putrides, comme on en pourra juger par l'autopsie du sujet de la première observation; le malade était mort à la suite d'une fièvre intermittente devenue continue.

Le foie était plus petit que dans l'état naturel, et d'une couleur blanchâtre, tant à l'intérieur qu'à l'extérieur; l'estomac était aussi d'une blancheur qui ne lui est pas naturelle. En le pinçant pour l'ouvrir, le morceau me resta à la main; la membrane interne n'avait plus l'apparence d'une membrane, c'était comme une espèce de mucilage très-blanc; en appliquant l'éponge dessus, on enlevait tout jusqu'à la membrane péritonéale exclusivement; il était impossible d'apercevoir aucune trace de fibres musculaires; si on pressait un peu fort avec l'éponge, on emportait aussi le péritoine; ces trois membranes ensemble n'avaient aucune cohérence : on eût dit que le ventricule tout entier était fait de papier mâché; il était impossible d'y découvrir aucune trace de vaisseaux sanguins.

Le duodenum était dans le même état. Comme cet intestin est situé profondément, lorsque j'en saisissais une portion pour le disséquer, elle me restait dans les doigts. La seule différence que je trouvai entre cet intestin et l'estomac, c'est que la dissolution muqueuse, au lieu d'être blanche, était verdâtre; en s'éloignant du duodenum, les intestins grèles participaient moins à cette espèce de gangrène lymphatique.

Un autre phénomène que j'observai avec surprise sur ce sujet et sur la plupart des autres qui moururent de la même maladie, c'est qu'ils n'avaient presque plus de sang; les gros troncs veineux étaient presque aplatis.

CHIRAC avait aussi observé de ces sujets exsangues : « Je suis sûr, dit-il, qu'ils n'avaient pas quatre onces de sang dans tout le corps. »

Il n'est donc pas étonnant qu'ayant reconnu des lésions aussi notables dans toutes les espèces de fièvres essentielles, non-seulement sur quelques sujets, mais sur des masses; il n'est pas étonnant que j'aie conclu par analogie, ainsi que CHIRAC et M. PROST, que ces lésions formaient véritablement le corps de la maladie, et que le trouble de la grande circulation n'en était qu'un symptôme, un mouvement sympathique ou d'association avec les capillaires sanguins dans les diverses espèces d'inflammation, avec les lymphatiques dans les fièvres intermittentes, que je considère, avec GALIEN et M. BROUSSAIS, comme des fluxions de la membrane muqueuse gastrique, ou du foie et de la rate; d'association double dans les maladies mixtes qui tiennent de la fluxion et de l'inflammation, ou dans celles où l'une ou l'autre domine alternativement.

Cet antagonisme des vaisseaux doit fixer l'attention des physiologistes et des praticiens; chaque système ayant, dans l'état sain, sa portion de force ou de mouvement relative à l'équilibre général, si cette portion propre à chacun augmente ou diminue par quelque cause que ce soit, la machine sera nécessairement dérangée, l'équilibre rompu entre les divers systèmes; on observera des actions désordonnées, et l'effet sera d'autant plus sensible, que le changement aura été plus prompt. Par exemple, dans le froid de la fièvre, il est évident que cet antagonisme est détruit, que le mouvement des veines l'emporte sur celui des artères, que le premier est augmenté, l'autre diminué, et que ceux qui meurent dans le froid de la fièvre, périssent de la même manière que les animaux qu'on égorge; la seule différence est que le sang, au lieu d'être répandu au-dehors, est accumulé dans les gros troncs veineux; mais, dans l'un et dans l'autre cas, les nerfs ne reçoivent plus l'impression d'un sang vital nécessaire à l'entretien de la vie. Dans la période de la chaleur, le contraire a lieu; car, dans cette machine admirable, tout est disposé de manière que cet état ne peut durer long-temps; soit que ce surcroît d'action dans les veines les fatigue promptement, ou que l'irritabilité du cœur et des artères augmente par la privation momentanée d'une portion du sang, la balance penche bientôt de l'autre côté, jusqu'à ce qu'enfin l'équilibre soit rétabli.

Dans la joie, dans la peur, dans toutes les affections vives et subites, ces effets sont manifestes ; mais le peu de durée de cette rupture d'équilibre, quand les causes en sont passagères, et que le trouble ne provient que de l'action d'un organe augmentée ou diminuée momentanément, est une forte raison pour nous faire croire que quand il persiste, la cause doit en être attribuée à l'altération du tissu des parties, ainsi que le pensait Reil.

Une autre remarque fort importante, c'est qu'une lésion grave, soit aiguë ou chronique du système lymphatique, après avoir augmenté momentanément les mouvemens du cœur et des artères, les diminue ensuite, en consommant une partie des forces nécessaires à l'action de ce système, et en diminuant la sanguification ; de sorte que si le sujet meurt d'une telle maladie, après un laps de temps plus ou moins long, il ne lui reste presque plus de sang. J'ai fait cette remarque, non-seulement dans les fièvres intermittentes dont j'ai parlé, mais aussi sur des sujets morts par suite de tumeurs lymphatiques dans l'intérieur de l'abdomen, et qui n'avaient peut-être pas trois livres de sang dans tout leur corps. Il n'est donc pas surprenant que de tels maladies aient le pouls si vite et si petit.

Lieutaud doit avoir fait quelques observations semblables ; car il avait considéré ce défaut de sang comme une des causes de maladie.

Je le crois plutôt un effet ; mais il peut être l'un et l'autre, car il en est presque toujours ainsi : un dérangement en amène un autre.

Dans l'une et l'autre doctrine, il y a quelque chose d'inexpliqué ; c'est l'intermittence des fièvres d'accès. Presque tous les praticiens se sont accordés pour considérer l'intermittence comme une circonstance particulière de ces fièvres. Tout porte à croire que la lésion principale a son siége dans un système de vaisseaux dont l'action est naturellement intermittente, et dont les périodes d'action et de repos sont particulièrement réglées, dans les viscères qui servent à la digestion. Quant à l'accès même, ou au trouble de la grande circulation, il y a tout lieu de croire qu'il dépend de l'enchaînement du système artériel avec le lymphatique.

Si le docteur Giannini a prouvé quelque chose, c'est assurément que le caractère de cette fièvre est absolument différent de l'inflammation ; l'absence de la douleur est assez expliquée par ce qui précède, pour que je sois dispensé d'insister sur ce point. Il est donc très-probable que, sans l'action particulière que le système des lymphatiques gastriques exerce sur celui de la grande circulation, la cause matérielle de ces fièvres ne serait perceptible dans le principe que par le trouble des organes digestifs; mais, lorsque le cours de la maladie n'est pas troublé, le retour des accès, par 12, 24, 48, 72 heures, indique un si grand rapport avec les périodes du soleil et de la lune, que la plupart des médecins ont tourné leur vue de ce côté.

En effet, quoique d'après les calculs de *Newton*, l'action du soleil et de la lune ne diminue pas la pesanteur des corps sub-lunaires au-delà d'une 7,868,850 partie, cette action, très-faible en apparence, est cependant suffisante pour élever les eaux de la mer, sous l'équateur, à la hauteur de dix pieds; quoique les accès de certaines fièvres intermittentes peuvent être déterminés par l'action de la lune, on ne peut se dissimuler qu'ils paraissent avoir un rapport plus constant avec le soleil qui semble être le régulateur des mouvemens animaux. Il est évident que l'irritabilité augmente dans les corps depuis le lever de cet astre jusqu'à son coucher ; mais il y a tout lieu de croire que la plus grande action de cet astre, quelle qu'elle soit, doit avoir lieu vers midi. Cependant, on ne peut s'attendre qu'il agisse sur des corps animés, soumis à tant d'influences différentes, comme il le fait sur les flots de la mer; ce qui explique pourquoi on ne peut prédire l'heure fixe de l'accès comme celle de la marée; mais il est probable que cette action se fait sentir sur les corps malades, suivant que leur irritabilité est des plus développées, ce qui s'accorde parfaitement avec l'observation ; car, si le plus souvent, les accès de fièvre ont lieu, d'onze à trois heures, ils se déclarent souvent plus tôt, surtout lorsque les fièvres tendent à devenir continues. Si cette observation est juste, il devrait s'en suivre que dans les inflammations vraies, le moment de la moindre action aurait lieu vers midi.

Je suppose donc que, dans les fluxions des viscères digestifs, le mouvement des vaisseaux blancs sera augmenté vers l'heure susdite ; s'il est assez violent pour troubler la grande circulation, l'accès aura lieu ; s'il en est de même le lendemain, l'accès sera réglé en double tierce; si, au contraire, il ne l'est pas assez, il peut le devenir le sur-lendemain, parce que l'action augmentée de ce système, affaiblit celle du système artériel par l'antagonisme expliqué plus haut; alors la fièvre est tierce; s'il ne vient au degré requis qu'à la troisième période, c'est-à-dire, au bout de soixante-douze heures, la fièvre sera quarte. Il me semble qu'on ne peut se défendre d'admettre qu'il y a dans le viscère même en proie à la fluxion une force de résistance qui empêche le mouvement fluxionnaire de s'exaspérer, ou que cette résistance a lieu dans le système artériel pour en empêcher l'entraînement; car si on augmente l'irritation, l'intermittence disparaît.

Au surplus, je donne cette explication pour ce qu'elle peut valoir, ou, si l'on veut, comme un épisode dans un ouvrage didactique; en exerçant l'imagination, on repose un peu la réflexion.

En 1812, M. Caffin publia un *Traité analytique des fièvres essentielles*; c'est dans ce traité que l'on voit pour la première fois la méthode analytique véritablement appliquée à la médecine. L'auteur est conduit par cette méthode à considérer les fièvres, en ce qu'elles ont d'essentiel, comme des maladies locales.

Si M. CAFFIN ne connaissait pas l'ouvrage de M. PROST, on peut affirmer que l'analyse doit paraître entre ses mains un instrument admirable; si, au contraire, il le connaissait, il me semble qu'il n'en a pas tiré tout le parti qu'il aurait pu; car on est tout surpris de lui voir détourner le mot fièvre de l'acception reçue, pour lui en substituer une de son invention, qui me semble fort extraordinaire.

Les personnes qui veulent changer aussi brusquement la signification des mots, peuvent savoir beaucoup de belles et bonnes choses, mais elles font connaître qu'elles ont peu réfléchi sur les facultés de l'entendement humain.

Je suis intimement persuadé que le néologisme nuit considérablement au succès d'un ouvrage, lorsque ce changement n'est pas amené de longue main. Dans l'état actuel de la science, je ne crois pas qu'on puisse faire admettre une fièvre de lait, une fièvre bilieuse, un fièvre diabéte.

Il paraît hors de doute que les états généralement admis jusqu'à présent, ne répondent pas à tous les changemens auxquels les corps malades sont sujets; mais les quatre états déterminés par l'auteur, *sthénique, in-*

flammatoire, asthénique et adynamique, sont mot à mot les diathèses de BROWN, et je ne crois pas qu'elles puissent suppléer à ce qui manque : cependant, je le répète, si l'auteur ne connaissait pas le travail de M. PROST, son livre fait preuve d'une grande pénétration.

Ce que CHIRAC, M. PROST, M. CAFFIN n'avaient pu faire, M. BROUSSAIS l'a exécuté dans son *Examen de la doctrine médicale*; il a ébranlé l'ancienne doctrine, et porté le doute dans tous les esprits qu'il n'a pu convaincre. Une critique juste et sévère des systèmes reçus, une exposition simple et lumineuse de ses pensées, une grande énergie de style ont opéré ce miracle. L'auteur a été conduit, ainsi que CHIRAC, M. PROST et moi, à considérer les lésions qu'il avait tant de fois observées dans le canal alimentaire, comme la cause immédiate du trouble de la grande circulation. Si l'on peut être étonné de quelque chose, c'est qu'ayant ouvert un si grand nombre de sujets, cette pensée ne lui soit pas venue plus tôt; car il est évident, par une note du second volume des *inflammations chroniques*, où il est fait mention de M. PROST, qu'il était alors fort éloigné de considérer, avec ce dernier, les inflammations de la membrane muqueuse gastrique et intestinale, comme la cause des fièvres essentielles. Cependant, lorsque je lus en 1814, le traité dont il s'agit, je jugeai que l'auteur s'était bien approché de cette idée. Je ne fus donc pas surpris de la lui voir développer, peu de temps après, dans son *Examen*. L'auteur ne dit pas dans ce livre si ce sont ses réflexions sur ses premières observations qui la lui ont suggérée, ou si ce sont des observations postérieures; mais il paraît hors de doute qu'il l'a puisée dans les résultats que présente l'ouverture des corps.

C'est en vain que M. Caffin dispute à M. Broussais l'honneur d'avoir mis au jour cette nouvelle doctrine; cet honneur appartient tout entier à M. Prost. Personne ne peut le lui contester, mais on ne peut refuser à M. Broussais le mérite d'y avoir ajouté plusieurs parties importantes, et de l'avoir répandue dans le monde médical par la force de son talent.

Lorsque j'ai résumé les observations et les opinions des auteurs les plus célèbres, qui avaient écrit sur les fièvres essentielles jusque vers la fin du XVIIIe siècle, j'ai demandé s'ils avaient prouvé qu'il existait des fièvres essentielles ; j'ai déterminé, autant qu'il était en moi, ce que je pensais qu'ils avaient prouvé.

Je ferai présentement la question contraire, c'est-à-dire, si ceux qui ont écrit depuis cette époque, ou mieux, si les fauteurs de la nouvelle doctrine ont prouvé qu'il n'existait pas de fièvres essentielles.

Il me semble résulter de leurs travaux qu'ils connaissaient la symptomatologie aussi bien que les premiers, et qu'ils étaient à même de déterminer aussi bien qu'eux le caractère d'une maladie; de plus, que s'étant donné la peine d'ouvrir un nombre immense de sujets morts à la suite de ces maladies dites fièvres essentielles, ils se sont assuré que la membrane muqueuse de l'estomac et des intestins, ou quelque autre viscère important, avait été en proie à quelque affection inflammatoire, fluxionnaire ou mixte.

Mais ce qui est encore bien plus important, et doit porter le doute dans tous les esprits, c'est qu'ils ont prouvé, aussi clairement qu'il est possible, que ces inflammations et fluxions de la membrane muqueuse gastrique et intestinale peuvent avoir lieu sans douleur, si on refuse ce nom à la tourmente qui résulte du trouble des fonctions; et cette seule observation renverse de fond en comble le système qui sépare les fièvres des inflammations, l'existence de l'inflammation se faisant connaître par quatre symptômes, douleur, rougeur, tumeur et chaleur.

Il est évident que, dans les inflammations internes, la douleur seule pouvait les faire distinguer des fièvres; s'il est prouvé qu'elle n'est pas un symptôme ordinaire des inflammations et fluxions de la membrane gastrique et intestinale, il n'y a plus de différence, les symptômes pyrétiques sont communs; ce qui montre combien était juste le sentiment de ceux qui, comme CULLEN, ont devancé les observations nouvelles, en rangeant dans la même catégorie les fièvres et les inflammations.

Ils ont prouvé par des faits positifs que les signes perceptibles de certaines lésions peuvent s'affaiblir ou disparaître avant, pendant et après la mort; ce qui rend raison d'un petit nombre d'observations qui semblaient infirmer leur proposition générale. Ils disent qu'il faut être versé dans l'art d'observer les résultats des maladies après la mort, pour en juger sainement; qu'il faut connaître les changemens que l'âge, le tempérament, les maladies apportent dans l'apparence des membranes et des viscères ; ils ajoutent que leurs observations, quoique faites avec plus d'exactitude qu'auparavant, n'ont pas encore atteint le degré de perfection nécessaire ; qu'il est prouvé par des observations fortuites de VALSALVA et d'autres, à la vérité incomplètes, que la moelle épinière et ses membranes, ainsi que les tuniques des veines et des artères, sont souvent le siége d'une inflammation cachée, dont la découverte peut seule rendre raison de phénomènes qui, sans cela, resteraient inexplicables; que depuis qu'on a signalé le siége de diverses affections, les observations se sont tellement multipliées, sans compter ce que la suite découvrira, qu'il ne peut rester aucun doute aux plus incrédules.

Il ne reste qu'un seul argument à leur opposer, ou pour mieux dire à renouveler ; c'est que les lésions dont il s'agit, sont l'effet et non la cause de la fièvre.

Ceux qui soutiennent qu'elles sont la cause, ont pour eux l'analogie dans toute sa plénitude ; les autres ne peuvent défendre leur opinion, que par des assertions et des hypothèses; les uns parlent aux sens, les autres à l'imagination : non pas que les fauteurs de la nouvelle doctrine soutiennent que tant d'hommes de génie qui, de l'observation des faits, se sont élevés à des axiomes généraux, ne puissent avoir deviné la nature en tout ou en partie; mais ils disent que ces axiomes ou principes peuvent tous s'appliquer à l'augmentation ou à la diminution d'action des divers ordres de vaisseaux; qu'en montrant que ces affections étaient la cause matérielle du trouble de la grande circulation, et des phénomènes morbides qui en dérivent, ils ont dissipé le nuage qui empêchait les meilleurs esprits de reconnaître distinctement les objets; qu'ils ont débarrassé la route, en écartant une difficulté qui était jetée comme une roche au milieu du chemin; que, si les lésions en question sont des effets et non la cause de la fièvre, il faut le prouver par des faits, des observations et des raisonnemens, qui soient une conséquence nécessaire de ces faits et de ces observations; ce que personne n'a fait, et n'est en état de faire dans l'état actuel de la science, parce que, pour y parvenir, il faudrait développer le mécanisme du corps humain en son entier; qu'à la vérité, ils n'ont pas prouvé eux-mêmes qu'il n'existait pas de fièvres essentielles, ou qu'il n'en pouvait pas exister, mais qu'ils ont prouvé qu'il n'en existait pas dans le sens que leurs adversaires l'entendaient; que ce doit être tout ce qu'on peut exiger d'eux, puisqu'ils ne veulent prouver autre chose, sinon que l'on peut douter de l'existence des fièvres essentielles. Telle est aussi ma conclusion.

Résumé général.

Soutenir qu'il n'existait point de fièvres essentielles, a paru, au premier abord, à la plupart des médecins une idée monstrueuse; en effet, il vaudrait autant anéantir la médecine entière, que d'abolir les fièvres qui forment à elles seules les trois quarts et demi des maladies. Cependant, lorsqu'on a vu qu'il ne s'agissait que de mots, et que les choses restaient dans le même état, on s'est un peu tranquillisé, de sorte qu'aujourd'hui on peut traiter ce sujet avec calme.

Il devait paraître, en effet, fort surprenant que les fièvres essentielles dont on avait parlé depuis des siècles, qui avaient été reconnues par toutes les puissances en médecine, fussent attaquées et menacées d'une ruine entière et prochaine, par quelques jeunes médecins. Voilà cependant ce qui est arrivé; tant il est vrai que, quand tout est préparé pour une révolution, il faut peu de choses pour la faire éclater.

Depuis que la Société de médecine, usant de ses prérogatives, a évoqué cette grande affaire à son tribunal, on a pu présumer qu'il y avait quelque erreur, ou quelque méprise de part ou d'autre, et qu'il ne s'agissait que de s'entendre. Néanmoins, depuis que les choses sont ainsi en suspens, on peut remarquer partout une contrainte telle que je suis persuadé qu'il n'est pas en France un médecin, tant soit peu au courant de ce qui se passe, qui oserait écrire aujourd'hui, comme il l'eût fait il y a trois ans; depuis, surtout, que la Société a demandé formellement si on pouvait douter, il semble que le doute se soit répandu partout.

Il est remarquable que dans les journaux de médecine, et dans tous les autres écrits, on ne s'exprime qu'avec crainte et avec une sorte d'incertitude. Il est donc à désirer dans l'intérêt général de la science, que cette grande question soit enfin résolue.

C'est pour contribuer à cette solution, autant qu'il est en mon pouvoir, que j'ai entrepris ce travail; j'ai pensé qu'il convenait de remonter vers la source de nos connaissances, et d'en suivre le cours jusqu'à ce que je reconnusse où était l'erreur; mais elle s'est présentée dès les premiers pas; j'ai vu que les fièvres essentielles n'avaient été séparées des inflammations internes que par une seule raison, qui était l'absence de la douleur; car, sous tous les autres rapports, ces symptômes étaient uniformes.

Il était, en effet, fort difficile de se persuader qu'une partie supposée aussi sensible que la membrane de l'estomac et des intestins, pût être attaquée d'inflammation et être en proie à la gangrène, sans le faire ressentir par la douleur. Ce phénomène était d'autant plus surprenant que, dans d'autres affections assez légères, ces parties devenaient le siége de douleurs atroces : cependant le fait est constant; ce qui montre clairement qu'avant de raisonner par analogie, il faut bien constater l'identité des objets.

On peut dire, pour excuser les anciens, que leurs usages et leurs lois s'opposaient aux recherches nécessaires pour éclaircir ce point, et que les animaux qui souffrent souvent de grandes douleurs sans se plaindre, n'offraient qu'une ressource incertaine.

On peut ajouter en faveur des modernes que la confiance bien méritée, sous certains rapports, qu'ils avaient dans les anciens, leur à fait négliger de constater la chose. Si j'ai continué l'analyse des auteurs éminens, soit par leur talent observateur, soit par leur excellente manière de raisonner, ou leur génie supérieur, je ne l'ai fait que dans le dessein de faire voir au grand jour dans quelles erreurs peuvent tomber les plus grands et les meilleurs esprits, lorsqu'ils quittent un instant les guides que la nature leur a donnés pour les instruire.

J'ai heurté souvent et un peu fort contre les mêmes écueils, pour apprendre à tout le monde où ils gisaient; et si je n'ai pas réussi, c'est probablement ma faute. Il semblait que l'obscurité répandue sur ce sujet par la nature même devait se dissiper, dès qu'on eut commencé à cultiver l'anatomie, et que de vastes hôpitaux se furent élevés dans toutes les grandes villes de l'Europe; mais les préjugés, d'un côté, la crainte et le dégoût de l'autre, y ont mis obstacle, et puis je ne sais comment il arrive, dans le monde, que les choses les plus simples sont souvent les dernières auxquelles on pense.

Cependant, au milieu de ces difficultés, on voit quelques bons esprits pressentir la vérité (Galien pour les fièvres intermittentes); un autre apercevoir qu'il y a quelque chose de vicieux dans la manière reçue de considérer les fièvres, sans pourtant pouvoir indiquer ce que c'est (Lieutaud); un troisième, observant la plus grande analogie entre les fièvres et les inflammations, ne croit pas devoir élever une séparation, et les range dans la même catégorie (Cullen); quelques uns cherchant à simplifier le sujet, ou à tout arranger dans un ordre qui puisse satisfaire des esprits exacts, trouvent des lois plus ou moins importantes de l'économie animale (Brown, Darwin, Makittrik, Reil); plusieurs, remarquables par un jugement parfait et une logique sévère, après avoir épuisé tous les efforts de leur art, pour arranger cette matière dans un ordre philosophique, sont obligés d'y renoncer (Selle, Reil). Le dernier, versé, en outre, dans l'anatomie pathologique, est conduit à penser, d'après quelques observations seulement, que la fièvre consiste dans l'inflammation des vaisseaux. Tous enfin cèdent à l'expérience, et sont forcés de ployer leurs systèmes, pour embrasser les résultats de l'observation.

Ces résultats sont deux états, peut-être trois, déterminés par des signes si constans, quoique quelquefois inaperçus, qu'on les regarde avec raison comme l'expression d'une cause ou d'une loi organique.

Nous avons dit que, dans ce sens seul, on pourrait admettre des fièvres essentielles ; mais il est évident qu'il n'y a pas d'identité entre cette idée et celle attachée, avant ces débats, au mot de fièvre essentielle. Je n'en veux d'autre témoignage que l'espèce de preuves apportées par les partisans de la nouvelle doctrine et la défense des autres.

Ne changeons donc pas l'acception des mots; autrement il n'y aurait plus moyen de s'entendre.

J'ai fait voir, dans la seconde partie, que la même question avait déjà été agitée dans l'antiquité (par ERASISTRATE), mais sans produire de résultats; parce que ceux qui soutenaient que les fièvres n'étaient que des inflammations cachées, n'avaient probablement pu le démontrer.

Dans le dernier siècle, on vit par intervalle produire des observations isolées, capables d'inspirer des doutes, mais pas assez nombreuses pour faire une forte impression (Spigelius, Sanctorius, Baglivi, etc.). Ensuite vient Chirac, qui fait des observations sur une quantité immense de sujets. Il a cet enthousiasme qui convient à un novateur, et cependant il ne peut ébranler l'ancienne doctrine. M. Prost, contre son attente, n'a pas un meilleur succès; son livre reste ignoré. M. Broussais parvient enfin à convaincre ou à inspirer le doute. L'auteur de ce mémoire pense que ses observations, ayant eu lieu sur des masses de sujets et dans toutes les espèces de fièvres, doivent être d'un grand poids dans la solution de cette question.

Ces observateurs s'accordent tous en ce point, que les fièvres qu'on appelait autrefois essentielles sont des fièvres symptomatiques, ou des pyrexies; que, si on ne s'en est pas aperçu plus tôt, c'est qu'on n'y avait pas regardé; qu'il est inutile, la chose étant ainsi, de créer des êtres sans nécessité; et la conclusion est que, si leurs observations n'ont pas ce caractère de vérité qui persuade, leurs raisonnemens cette exactitude qui convainc, leurs pensées cette énergie qui entraîne, on peut, au moins, douter de l'existence des fièvres essentielles.

FIN.

www.ingramcontent.com/pod-product-compliance
Ingram Content Group UK Ltd.
Pitfield, Milton Keynes, MK11 3LW, UK
UKHW021926230726
13925UKWH00007B/1106

9 782013 555784